◆ 历史教师专业发展丛书

丛书主编 何成刚

海派历史教学透析

HAIPAI LISHI JIAOXUE TOUXI

彭 禹 沈时炼 张炎林 编著

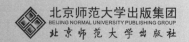

北京师范大学出版集团
BEIJING NORMAL UNIVERSITY PUBLISHING GROUP
北京师范大学出版社

图书在版编目(CIP)数据

海派历史教学透析/彭禹,沈时炼,张炎林编著.—北京:
北京师范大学出版社,2014.3 (2017.7 重印)
(历史教师专业发展丛书)
ISBN 978-7-303-16779-1

Ⅰ.①海…　Ⅱ.①彭…②沈…③张…　Ⅲ.①中学历史
课－教学研究　Ⅳ.① G633.512

中国版本图书馆 CIP 数据核字(2013)第 173197 号

出版发行:北京师范大学出版社 www.bnupg.com
　　　　　北京新街口外大街 19 号
　　　　　邮政编码:100875
印　　刷:北京京师印务有限公司
经　　销:全国新华书店
开　　本:787mm × 1092mm　1/16
印　　张:8.25
字　　数:180 千字
版　　次:2014 年 3 月第 1 版
印　　次:2017 年 7 月第 2 次印刷
定　　价:19.00 元

策划编辑:唐正才　　　责任编辑:唐正才　张彦彬
美术编辑:王　蕊　　　装帧设计:天泽润
责任校对:李　菡　　　责任印制:孙文凯

导　　读

在基础教育历史课程改革的可持续推进过程中，我们越来越深刻地感受到，改革愈深入，难度就愈大，而其根源就在于我们历史老师的史学素养与历史教学素养在处理一系列教学问题上的应对力显著不足。基于此考虑，我们对中学历史教学现状进行了全面仔细的梳理，在此基础上整体规划并设计旨在提高中学历史教师在史学素养和教学素养方面的专业发展方案。在北京师范大学出版社的支持下，"历史教师专业发展丛书"第一辑将陆续出版。

《智慧课堂——史料教学中的方法与策略》

近年来，作为一种重要的历史教育教学理念，史料教学已被越来越多的人所认可；实践中涌现出的优秀课例，无不强烈地体现着史料教学的价值。要落实课程标准、要上一节有特色的历史课，如果不在史料选取、史料运用和史料解读上下功夫，就难以达到预期目标。任何一节历史课，都离不开史料教学这一环节，而且史料教学理念运用得好与坏，直接决定着教学的有效性问题。从近年的高考命题改革来看，作为一种重要的能力考查目标，史料分析的色彩愈加明显，比重日益增大。如果命题人不能创设很好的史料情境，就难以命制一道好的试题。

基于这种认识，本书聚焦史料教学的方法与策略，通过典型案例分析，介绍了国外史料教学的有关理念，剖析了史料教学中的种种误区，以期为历史教育教学工作者开展史料教学提供参考与借鉴。

《史料教学案例设计解析》

史料是历史研究的基石，也是课堂教学的基本素材。在历史教学中，如果抽掉有价值的史料，或缺少有亮点的史料教学环节设计，历史思维能力的培养就要面临"皮之不存，毛将焉附"的困境，历史教育这座大厦就会坍塌。既然史料教学蕴涵如此智慧，那么应如何践行这种理念？本书遴选了 30 个优秀案例，对这一问题进行了解答。

本书的作者阵容强大。他们来自北京、上海、江苏、广东、陕西、安徽等课程改革先行地区，其中既有知名历史特级教师，又有历史教育与研究方面的青年学者。这些作者在史料教学理论与实践研究方面有着独到的见解，他们设计的案例体现了不同区域的教学风格，但都共同指向了"史料教学"这一理念。

本书的内容精益求精。本书并没有纠缠于艰涩的教育教学理论，而是用来自课程改革实验区的典型案例说话。这不仅是因为案例立足于坚实的大地，实用性强；更缘于案例中交织着融会贯通的教学智慧，兼具启发性。为使读者充分理解案例的精华，每个案例除完整叙述过程设计外，还提供了背景分析、史料运用解析、教学反思等。"背景分析"着重说明教学设计的原委和作者的基本设想；"史料运用解析"重在说明运用每段史料的目的与方法，以及史料的可信度与说服力；"教学反思"则超越经验谈理性认识，或提出其他的可能，以拓展读者思维的空间。

需要说明的是，本书是《智慧课堂——史料教学中的方法与策略》的"姊妹篇"，如果能将两者结合起来阅读，收获将会更大。

《历史课堂观察的方法与策略》

本书根据新课程改革的理念，全面系统地论述了历史课堂观察的理论基础，并尝试构建一个具有较强操作性的历史课堂观察的方式，以对新课程改革背景下的历史课堂教学提出切实可行的把脉和诊断。显而易见，本书最大的特色，是结合历史学科特色的视角开展课堂观察。

本书通过在实践中总结出来的典型历史教学案例，根据历史教学普遍存在的问题，特别是新课程实施过程中一线教师感到困惑的问题，从不同的观察角度进行分析和诊断，力图给广大历史教师借鉴和反思。

本书还围绕课堂观察重点强调了如下论题：在课堂观察过程中，开展大量阅读、主题研讨、开发观察表、课例打磨、教师团队合作研究等，可以有效促进历史教师的课堂研究能力，全面掌握进行长期性的主题式课堂观察方法与策略，实现历史教师的专业成长。

对于广大历史教育本科生而言，本书是搭建历史教学理论与实践的绝佳平台；对于广大中学历史教师而言，本书是准确把握新课程改革的方向，深入理解历史课堂教学、提升教师专业发展的必备参考用书。

《问题解决：历史教学课例研究》

当我们走进课堂，课堂情境的复杂与混乱让人难以把握——问题丛生的常态课与光鲜照人的优质课让人看不懂课堂的真实面貌，手忙脚乱的年轻教师与娴熟自如的专家教师似乎有着不可逾越的鸿沟。带着书本上学来的理论、信心十足地走进课堂的教师，常常被课堂教学情境的"复杂性、不确定性、不稳定性、独特性"所围困，课堂中所遇到的问题似乎无从下手，解决问题的方式亦似乎不可复制。但是，当我们用研究的眼光去观察和审视课堂的复杂与不确定时，又会被其丰富性所吸引。

正是出于对历史课堂的格外钟情，对课堂研究的执着热爱，本书作者及其领导的研究团队观察、研究了大量的中学历史课堂案例，力图把新课程改革以来关于课程与教学的新理论置于中学历史课堂教学实践的背景下来审视，并通过课例研究，将教师作为实践者的角色与研究者的角色结合起来，寻找历史课堂中被遗漏的信息，并从中分析教师的实践知识。

本书选择了中学历史课堂教学中常见的问题作为研究主题，通过十余个案例展示历史教师发现问题、框定问题、解决问题的过程，以帮助读者认识从教学现象的发现到教学问题的归纳，再到研究主题的确定，是教师作为专业的实践者与课堂教学情境交互的过程，从而体会教师在"能力极限的边缘"工作的快乐与艰苦，认识到教师专业成长是一个不断解决问题的过程。

《海派历史教学透析》

提起海派历史教学，大家或多或少有一些片段的了解，但是对于其来龙去脉及风格内涵，未必有清晰的认识。本书汇集上海老、中、青三代历史教学之代表人物，有回忆，有访谈，有成长案例，有教学实证。从历史而人物，由人物而流派，形式灵动多变，可作轻松的讲古故事，也值得人掩卷长思。编者采访了沈起炜、陆满堂、林丙义等前辈教师，钩沉出从新中国成立初期到 21 世纪 60 年的教学故事。本书第一次以众多案例集中地向读者呈现了作为海派历史教学代表的"孔派"教学的风貌，也是首次跨越了 60 年历史的对海派历史教学的回顾与总结。

《国外历史教学案例译介》

历史学科在学生心目中的地位很低，这不仅影响了中学历史教师的工作积极性，也使中学历史教育教学研究者忧心忡忡，而且新课程改革对这一顽疾似乎束手无策。许多人不禁追问：历史要教什么、学什么？为什么要教历史、学历史？应该持什么观念来教历史、学历史？面对这些"原点"似的问题，本书从英国、美国、澳大利亚等西方发达国家的教育资源中，精选了几十个教学案例，并通过分析具体案例，给读者带来启迪与思考。比如：

1. 在拓宽知识的领域、拓展观察的视角方面，本书选译了妇女史、移民史、体育史等内容主题。这些案例告诉读者：第一次世界大战的爆发使英国妇女获得了选举权；一个家庭的故事折射出了澳大利亚移民政策的变迁；奥运会的赛场竟然体现了"冷战"的巨大能量；等等。

2. 在训练思维方法、提升思维能力方面，本书选译的案例包括：如何培养时序观念、如何对待与分析偏见、如何分析两幅画作等。这些案例告诉读者：时序能力是历史核心思维能力的基础，偏见反映了作者的价值判断，不同的画作对同一事件有着不同的诠释。

3. 在课程资源与探究性学习方面，本书选译的案例包括：漫画中的大萧条、歌曲中的大萧条、电影中的大萧条、如何开展角色扮演活动、怎样动手做历史等。这些案例旨在告诉读者：怎样引领学生进入历史的现场，如何使学生成为"他自己的历史学家"。

我们相信，本书的每一个案例，都会给读者带来一些惊奇；甚至，读者的每一次阅读都会有新的收获。

序

"海派"一说，由来甚早。沈从文以"海派"为"名士才情"加上"商业贩卖"[①]，当时虽不无讽刺之意，但在我们看来，其中或许又蕴含着一层褒意。

以本书讨论的上海历史教学为例，"名士才情"可以理解为上海历史教师常有的专业自信与风格张扬。"商业贩卖"可以理解为上海历史教师的价值追求，即将历史的智识"贩卖"给学生。

实际上，这两者正是我们在翻检爬梳一份份访谈记录时所强烈感觉到的。即使是那些我们没能访谈到的历史教师，我们也能够从有关的文字记录以及他人的转述中，深刻体会到这一点。例如：沈起炜介绍的曹雪松传奇，陆满堂模仿任霆上课"这一天，连盲人也看得到光明"的语调，吕登来演义张伯伦冒着生命危险制造慕尼黑阴谋的故事，等等。传奇里，见历史的曲折丰富；语调言辞里，是个性的张扬；小故事里，有历史的幽默与智慧。

可谓时势造英雄，一点也不假。民国时期，上海作为近代远东地区的第一大都会，以开放的国际视野、多元的开放体制吸引着一流的人才，在海纳百川中形成了上海历史教师所独有的个性与上海历史教学所特有的风气，更为新中国成立后的上海留下了一支弥足珍贵的教师队伍。改革开放以来，上海历史教师的个性与才华得到进一步的释放。需要特别指出的是，与国内其他地区相比，上海在基础教育领域，开发出了体现上海特色的课程标准和教科书。此外，上海具有独立的高考命题权。这一切为上海积极进行课程与教学改革，创造了优越的条件，也为上海历史教师施展才华提供了优越的机会。

历史舞台上的人们，顺时代之流而进，或主动，或被动，最后从不同方向都汇聚于历史教学这一方天地：沈起炜为探索救国之路而学习历史；曹雪松在基础教育大幅扩编中从影业走入教坛；陆满堂因为行政安排专攻历史教学法；凤光宇从抡大锤的工人成长为著名历史特级教师……他们又像江河中跃出水面的鱼，不惮于展露身姿：沈起炜主持中学历史教师培训多年，编写的高中历史教材享誉十余载；曹雪松的故事到今天尚为人们所津津乐道；陆满堂大力推进上海历史课程教学改革，有开山之功；凤光宇主持的名师基地，门生弟子遍及沪上……

基于此考虑，我们在编写本书时，将写作主题聚焦在"人与时代"上。在这一

---

① 沈从文：《论海派》，转引自倪文尖《论"海派"话语及其对上海的理解》，载《华东师范大学学报》（哲学社会科学版），1999(6)。

主题下，本书分三编："历史""人物"与"案例"。

"历史"编起自 20 世纪 30 年代到 21 世纪初，分教学、教材、考试三章。

第一章以沈起炜和陆满堂两位先生的访谈为底稿，辅之以其他书面资料、零星访谈及个人经历见闻，尽力勾勒出人与时代的关联。

第二章与第三章分写教材与考试。众所周知，教材与考试是历史教学最重要的环境因素。在本部分，我们用了较多笔墨来写教材和考试的设计者，从中或许可以看出环境与教师之间互相支持的关系。

"人物"编里，我们原先计划要多写一些教师，但是限于篇幅和写作时间，同时也希望尽量避免与已发表的内容撞车，最后我们只选择了三位特级教师，即先后于 1996 年、2002 年、2011 年获评特级教师的钱君端、凤光宇、朱志浩三位先生，来代表"海派历史教学"的过去、现在与未来。

"案例"编共七个，前三个选取的是 20 世纪八九十年代与 21 世纪初三位沪上名家的代表作，后四个选取的是四位青年历史教师的作品。前后比较、联系，或许可以看到"海派历史教学"在课堂中的传承与发展。

写作本书的目的，不在于炫耀上海历史教学的成就，而在于更好地继往开来。正因为此，我们愿花一些时间来叙写"海派历史教学"，留下一份"不完全"的记录。当我们聆听前辈回忆的时候，当我们翻阅陈旧的教学杂志的时候，我们看到无数前辈如隐没在云间的高山，无数后继者如奔腾不息的大河，我们看到上海历史教育百年来的发展之路。虽能力有限，但我们仍希望通过努力，表达我们对于往者的敬意，对于行者的称颂，对于来者的期盼。

本书只是几位上海青年历史教师的见闻录，希望通过本书的阅读，大家对于上海历史教学有更近一步的了解。有心的读者，我们希望您在阅读的基础上，不妨更进一步，直接到实地参观、考察、学习、交流。

编　者

目 录

历史编

第一章 海纳百川：
上海历史教学研究回顾

　　1931 年的秋天，一位叫沈起炜①的青年考入了驰名中国的东吴大学。他奉父亲之命，要在大学里学习四年的法律，希望能成为律师或者是政府的公务人员。

　　然而，这时候的中国已是处于快要到"放不下一张安静的书桌"的境况了。沈起炜实在不愿把大好的青春用在对个人前途的经营上，他更渴望找到一种学问，一种可以对自己解释中国为什么会沦落到这个地步，未来的中国又要走向哪里去的学问。1932 年的某一天，沈起炜偶然在图书馆里读到了一篇文章，大意是说社会学才是真正的科学。这篇文章让他激动不已，当即决定不顾父亲的反对，转入社会学系。

　　但当时的社会学刚传入中国不久，尚缺少与中国社会结合的实证研究，而欧美舶来的理论则显得有些空疏，所以沈起炜对于在社会学系的学习也不甚满意。一直到大学四年级，即到了 1934 年的下半年，沈起炜读到了周予同的一篇文章，说历史学可以使人明了中国社会何以如此。这篇文章非常合沈起炜的胃口，于是他决定在大学的最后一年开始学习历史学。

　　在 1935—1938 年这三年里，沈起炜是一个没有工作的"社会青年"。文科生向来找工作难，即便是名校毕业生也难免一度失业的命运。他帮人算过账、打过杂，也在学校里帮人代过课。直到 1939 年，经一个在上海教书的同学介绍，他进入大同大学附属中学(今上海大同中学)教历史课，这才算是有了一份固定的工作。从此，他开始和上海历史教育结下因缘。

　　1949 年，沈起炜成为第一个从事上海基础教育历史教师培训的讲师②。20 世纪 90 年代，他又主持了"一期课改"③教材的编写。可以说，沈起炜先生伴随"海派"历史教学一路走来，是引路人，也是见证者。他的故事，是 30 年代中国的一个普通青年的平常故事，也是从彼时走来的上海历史教育的故事。

一、源流：民国时期的教师与教学

　　近代上海以"东方巴黎"著称，为 20 世纪前半期东亚第一巨型都市。到 20 世纪 30 年代，上海已经成了中国最富市场活力和最富思想活力的地区之一。

　　辛亥革命之后的二十多年里，上海教育政出多门，在基础教育的管理上一直

---

　　① 沈起炜，1914 年出生，苏州人。东吴大学毕业。20 世纪 30 至 40 年代前先后任教大同大学附属中学、南洋模范中学等校。1949 年后调入上海市中学教师进修学院，后入教育学院。上海教育学院最早晋升为教授的两人之一。著有《文天祥》《细说宋朝》《中学历史教师手册》等书，并担任《辞海》编委，上海"一期课改"教材主编。

　　② 以上据沈起炜口述回忆，彭禹记录整理，未发表。

　　③ "一期课改"为上海第一期课程改革的简称，详见本编第二章。

未形成统一的格局。这本是全国各地都有的情况，而上海则更为突出。当时这座大都市租界林立，国家权力难以介入；即使在租界之外，政府的影响也同样有限。[①] 当时上海不同类别的学校很多，如民间私立学校、外国办学校、公立学校等，尤其以私立学校为多，有研究者称之为近代上海的"一大奇观"。在1929—1934年间，上海各类别的私立学校占同级类别学校的年平均比例由高到低的排列依次为：私立初级中学，93.67%；私立中学校，88.25%；私立职业学校，84.98%；私立小学校，79.09%；私立独立学院，78.50%；私立幼稚园，73.40%；私立师范学校，70.17%；私立大学校，69.70%；私立专科学校，60.28%；私立初级小学，59.55%；私立高级中学，54.17%。[②] 这些学校的管理者和教师首要考虑的并非政府的政策指令，而是高等学校招录学生的需求和学生与家长的口味喜好，由此造成各类学校办学目标、宗旨各异，教师也各行其是。正如画家、美术教育家刘海粟先生在回顾上海美术专门学校1921年的教学时指出的："上海美专是私立的专门学校，所以一切主张只要内容通得过，认为妥善，便可实行，没有什么阻碍和牵制，所以各部分内容可说没有一期不变动、不改进的。因为学校的教学本来是活的，是要依着时代的发展而改进的，决不可以依着死章程去办事。"[③]

当时的上海，一般中小学教师的收入大致处于社会中等水平。20世纪30年代，中学教师的工资大约是70～160元，教导主任、校长可达160～200元。一般情况下，一家五口人的生活费每月大约需30～40元。因此，一个人的工作不但足以维持家庭生活，而且绰绰有余。由于生活的富足，教师的生活较为丰富，业余爱好也有所发展。根据1934年的一份调查，当教师收入超过当时社会工资的平均水平时，半数以上的教师都有看报、参观、看展览、听演讲、参加各种研究会的习惯；40%以上的教师有阅读书籍的习惯；还有15%左右的教师有从事图画、手艺的爱好。但是，私立学校教师之间的收入差异很大，有的私立学校教师的收入低于公立学校的收入水平，有的则可能大大超过，尤其是工部局（租界管理当局）和有外资津贴的学校，教师的收入可能是公立学校教师收入的一倍以上。[④] 抗日战争爆发后，上海沦陷，公立学校纷纷转入租界，教师的收入也受到影响，但大体来说还算是稳定的。因此，很多中学往往能吸引许多一时找不到理想的工作或是有志于从事教育事业的高学历青年。但是，相比于同时期的高校，中学教学的收入又常常达不到作为知识分子的生活要求，因而教师队伍并不是很稳定。很多青年往往因为一时没有工作而进入学校，但一旦找到收入更高或更为理想的工作后，就会选择离开。据1931年统计，上海公立中学的165名教师中，16年以上教龄的只有1人，而6年以内教龄的则多达161人，可见这一职业人员流动之频繁。但是，作为知识分子通往高校的中转职业，上海中学教师几乎都有

① 刘关袁：《上海解放前教育督导制度的回顾与研究》，载《上海教育科研》，1989(1)。
② 施扣柱：《民国时代上海对私立学校的管理》，载《社会科学》，2007(2)。
③ 刘海粟：《上海美专十年回顾》，载《南京艺术学院学报(美术与设计版)》，2006(2)。
④ 陆庄：《上海市教师课余生活之研究》，43页，教育编译馆，1935。转引自李彦荣《民国时期上海教师的薪水及其生活状况》，载《民国档案》，2003(1)。

高等师范以上学历，留美博士也并不罕见。

在这样的情况下，学校对教师的管理也相当的宽松，尤其是私立学校。因为这些学校教师的收入大多比公立学校低，校方并不禁止教师出外兼课。从教师的来源来说，无论是教师外出兼课还是学校固定聘用教师，往往采取朋友介绍的方式。因此，在当时的教师中间形成了一个特定的人际圈①，相互介绍兼课②，中学也就成为一个特殊的知识分子"临时聚集"的地方。

沈起炜就是在这样的一种情况下来到上海的。1939 年，上海大同大学附属中学因学生增加而需要更多的历史教师，沈起炜的一个朋友刚好是这所学校的教师。经这位朋友的介绍，沈起炜进了这所中学。此后，他也曾在其他学校兼过课，后来跳槽去了南洋模范中学。

由于大多数教师的教龄很短，在学校里很难形成一些特定的教学模式，"百花齐放"也就不可避免。另外，教师的学历很高，且各有所长，都以知识分子自视。

总之，20 世纪上半期上海的历史教学，与今天的上海大不相同：

第一，各学校使用的教科书并不一致，要么是各书局出版的教材，要么是学校自印的教材。当时的大同大学附属中学使用的历史教材就是自印的。

第二，教师的术业各有专攻。从课程设置上来说，中学生当然需要学习一遍通史，但教师却不一定要教完整的通史。因此，当时的中学在安排教学任务时往往采取与大学一样的做法，即由不同的教师负责不同的教学领域。比如，沈起炜当时只负责世界史的教学③，这是因为当时在大同大学附属中学讲授中国历史的先生是他的前辈，而且他认为这两位前辈的中国史功底要远远超过"半路出家"的自己。当时理科也是如此，如江苏省立第三中学（后改为松江第二中学）的数学，就分别由不同教师授课，要么是专攻几何的，要么是专攻代数的。

第三，教师大都自视甚高，对购置的历史教材往往不屑一顾，但又没有精力自编教材，因而就和大学教师一样，只把教材当作学生学习历史用的一个底本或者是基础性的讲义，而具体到授课，则各行其是。

这一时期的历史教育，后来受到了强烈的批评。包启昌④在一次接受访问时，称之为"一塌糊涂"⑤。

当时的历史教育究竟有多"混乱"，新中国成立后期刊上发表的许多对这种"混乱"现象的批评文章中即可窥豹一斑，虽然并没有专指上海。

1958 年，《史学月刊》第 7 期上登载了一篇《搞臭历史教学中的资产阶级个人

---

① 这种情况部分可参见汤金娣：《20 世纪三四十年代上海贫民女孩眼中的世界》，载《史林》，2010 年增刊。

② 也可参见许杰：《坎坷的道路（二）》，载《新文学史料》，1983（2）。

③ 沈起炜认为自己的专长是宋代史。调入中学教师进修学院后，从事的专业研究方向即是宋代史研究。

④ 包启昌，上海敬业中学常务副校长。1924 年出生，圣约翰大学毕业。1956 年上海市第一批优秀教师之一，1980 年上海市第一批特级教师中唯一的一名历史特级教师。曾任上海历史教学研究会会长、中国教育学会历史教学研究会副理事长、名誉理事长。

⑤ 包启昌回忆，彭禹记录整理，未发表。

主义》，是这样描述民国时期遗留下来的影响的：

有一位教师讲古代史自以为长于诗经就大讲特讲，讲上几个星期。对于先秦诸子思想，则认为非其所长，就草率从事。讲课不按教学进度计划进行，拖延进度有时达三四个星期之久。把教育部颁布的教学大纲随便删减或增添，甚至有一段删去三章的。……讲五代史特别欣赏李后主的词，当堂背上几首……有位教师自以为对古代图腾有研究，别人说他"不说人话好说神话"，他也自以为得意，而津津乐道……有一位教师，自恃才华，自高自大，在课堂上竟敢说范文澜先生研究近代史不懂古文，郭沫若先生不懂什么什么……

这里所揭示的，正是民国时期的一种教学习气。例如：对教科书乃至教育部颁发的教学大纲没有给予足够的尊重；对历史知识没有系统化的建构；没有学术权威的观念；只对学术有强烈的个人追求和表达的欲望；更有甚者，在课堂中随意评论时政；等等。上述种种风气，在 20 世纪 50 年代初受到了强烈的批判。

二、合流：新中国成立初期的教师与教学

新中国成立后，百废待兴。鉴于民国时期教育发展十分不足，而且大批德高望重的知识分子被蒋介石带往台湾，因此新时期教育面临的首要任务之一，就是要为国家建设培养各方面的人才。为了这一目标，20 世纪 50 年代初期，各中学里的大批教师被抽调以充实大学，有的调任后直接担任系、所主任。当时的上海南洋模范中学，在一年之内被调往大学的教师就多达 6 人。在这场大潮中，南洋模范中学的沈起炜也被调出，进入了中学教师进修学院（后与上海市教育行政干部学校、干部文化学校和自学广播学校合并为上海教育学院，1998 年并入华东师范大学），成了一名大学教师。

这种情况各地皆有，带来的直接影响差相仿佛。

当时，国内各大名牌中学都经历了一次教学岗位大洗牌，历史教师队伍里原有的精英几乎尽失。当时南洋模范中学校长私下里抱怨说："学校好比是一碗馄饨汤，现在把馄饨全都捞出去，就只剩下汤了。"[①]

对于仍留在中学的许多历史教师来说，不能预期进入大学，难免会"望洋兴叹""心灰意冷"，于是有的中学教师就提出了达到一定水平就应该送到大学去工作的主张[②]。在他们看来，这场教育界人员大变动不同于以往的个人选择，变动者不再有回流的可能，不变者亦几乎此生无望。因此，从中学到大学就不再是普通的"跳槽"，而成为了一种"升迁"。

教育环境的变化尚不止于此。新中国成立后，为了改善教育，政府建立了许多新学校或是扩充了原有学校的规模。由于原有的大批教师被调入高校，从而导致基础教育界师资奇缺。与此同时，上海大批的外资企业撤出中国，原来的国民政府又留下许多不能进入新政权的公务人员，许多人一下子涌入社会。于是，社会上的三教九流都进入中学，而且大多数担任了历史教师，造成了当时历史教育

---

① 沈起炜回忆，彭禹记录整理，未发表。
② 鲍文希：《笔谈"改进中学历史教学"》，载《历史教学》，1957(7)。

界从业者之来源复杂远逾今日之想象。从他们的知识背景来说，既有科班出身，也有半路出家；从入行前的社会身份来说，既有知识分子社会贤达，也有国民政府遗留下来的转业人员等。正如江河奔腾、泥沙俱下，而鱼龙混杂，难以区别。上海市第五十一中学的历史教研组长鲍文希在1957年《历史教学》杂志组织的一次笔谈中回顾说："师资的来源，除了师范大学及师范专科学校培养为数寥寥的专业教师外，其他就饥不择食地东拉西扯，有转业人员，短期师资训练班，还有家庭妇女及失业人员。"①

当然，这部分从业人员中也不尽是缺乏历史学素养者，也有学历相当高且文化素养相当丰厚的人，用藏龙卧虎来形容，一点都不为过。市西中学的一位教师原是国民党立法委员。市东中学的某历史教师是民国时期的上校，曾进过庐山高级军官培训班。他的上课很独特，常常是目视天花板而不看学生，但平淡语气下娓娓道来却让学生听得兴高采烈。②虹口中学的历史教师曹雪松更是民国时期极为有名的剧作家、名演员。他不仅创作了中国电影史上具有里程碑意义的剧本——《三姊妹》，而且三四十年代脍炙人口的《王先生》（叶浅予原作漫画）系列电影剧本也是出自他手。他本人在影片里还担纲主演王先生的搭档小陈，可以说他在民国后期的上海是无人不识。2008年，香港文汇出版社还出版了《曹雪松电影剧本选》以为纪念。

随着人事的大变动，接踵而至的问题就是教研。据沈起炜先生回忆，上海是新中国成立后最早开始市教研活动的地方。虽然未经书面可靠材料确认，暂且置之待考，但是上海早期的历史教研的确是很有特点的。

新中国成立前，上海的教师群体是一个自视甚高的知识分子圈子。没有独当一面的本事，要得到圈内人的认可是很难的。被安排什么教学任务，常取决于教师的专长。在教学方面，教师很少相互交流，听课的事情更是非常罕见。沈起炜在大同大学附属中学任教时，虽然和另外两位历史教师很相熟，但在相处的几年中相互之间没有听过一次课，各自的教学风格，只是从闲聊或是从学生的口中得知。

新中国成立后，情形自然有所不同。首先，当时广大教师需要尽快学会如何在教学中运用马克思主义唯物史观；其次，对大量"外行"的基础培训迫在眉睫；最后，当时的新式学校不再允许教师各行其是，每个教师都必须完整地教完一个阶段的全套历史课程，即使是从事教学多年的老教师也不得不通过教研来"补缺补差"。

这三个方面的因素综合在一起，催生了最初的历史教学研究。简言之，就是通过各种形式统一教学思想、促成教学实践趋于一致的过程。于是，各学校成立历史教研组，各地成立教师进修学院，组织历史教师进行集体教研与集体备课，以宣讲、研讨等不同的方式，在中学历史教学中自上而下地贯彻国家的教育宗旨。

---

① 鲍文希：《笔谈"改进中学历史教学"》，载《历史教学》，1957(7)。
② 据沈起炜回忆，彭禹记录整理，未发表。

经过一段时间的改造，20世纪50年代初期的教学风气出现了新的特点：一是对历史教材的关注达到了空前的程度，二是大量地引入了苏联的历史教学经验。

对历史教材的关注程度，可从一位教师于1956年在自己的教学体验的描述中见到①：

狂热的信念逼迫我五次十次地去掌握课文中的事实与思想。当我自己的思想和情感跟课文中的思想和情感一点一点地吻合为一的时候，我便触摸到下列境界了：课文中的思想正是我自己想说而说不出或说不全的思想，我自己原有的思想情感完全融化在课文里了。这样到了课堂上，我虽然口上所说的话还是课本上印着的话，但不同点是我的教语已经包孕着课文中的思想和情感，也倾注了我自己的思想情感了。

……

我们要竭力防止脱离开课本上正确的思想情感，而主观向学生散布一套自己对历史事变的体会，这样在我们的思想尚未完成的现阶段，便可能以一些残余的资产阶级个人主义情感毒害了青年，这是必须注意的。

这位教师的描述当然是特殊历史环境下的产物②。但是，类似的教材观被广为接受。在此基础上，以教材为中心的教学研究成为历史教学研究的主流。

对苏联的学习也是20世纪50年代历史教学界的一大景观。50年代初，大批苏联专家将苏联的教育经验，尤其是苏联的教学法带到了中国，并有相当一批苏联教育学和教学法著作翻译成了中文，凯洛夫、卡尔曹夫成了当时中国历史教师耳熟能详的名字。虽然"学苏联"的潮流只有短短几年的时间，但是却给此后的历史教育留下了不可磨灭的影响，如对知识系统化的强调，以教材为中心的思想，教学目标、重点难点的教案书写框架，背景、性质、过程、影响的分析套路等，无一不是出自当年苏联专家的传经送道。③"一堂课一个中心"的教学设计思想即可溯源于此时。1955年，人民教育出版社出版了夏禹文翻译的苏联瓦庚著的《苏联中学高年级历史教师的备课》。当时的一篇文章④是这样介绍本书中的这一观点的：

每一堂课都有它的基本思想教育内容。一堂课的基本思想内容应该是只有一个，其他部分应该在教材的内在联系上思想联系上归结到这个基本思想内容上来……思想内容应该是从教材"所叙述的历史现象的本质、规律性、原因、结果、意

---

① 陈喜：《历史课的"教语""教态"和"教时"》，载《新史学通讯》，1956(4)。作者所属地不详。

② 从现有材料来看，我们认为照本宣科是高度政治化的产物，而不是应试教育的结果。应试教育在20世纪60年代初和改革开放后两度兴起时，反而出现了教材地位发生动摇的现象。

③ 此处应注意毛泽东写于1929年的《教授法》对新中国成立后中学历史教学的影响。毛泽东的《教授法》包括十个要点：启发式(要废止注入式)；由近及远；由浅入深；说话通俗化(新名词要释俗)；说话要明白；说话要有趣味；以姿态助说话；以后次复习前次的概念；要提纲；干部班要用讨论式。转引自郑美玉：《毛泽东〈教授法〉对珠算教学的启示》，载《黑龙江珠算》，1997(6)。

④ 刘寅生：《"苏联高年级中学历史教师的备课"》，载《历史教学》，1957(1)。

义和评价"中具体地拟定，再根据这基本思想内容有重点有主次的选择和组织。①

在不同的地方贯彻国家的教育宗旨时，可能会遇到各自不同的情况。例如，上海就遇到了这样一些问题：

第一个问题，主事者并不能完全服众。当年上海的第一任市教研员李家骥，新中国成立前曾去过延安，后来又辗转回到上海。沈起炜先生回忆时称他"马克思主义理论功底相当好"，陆满堂②先生则称赞他"讲课深入浅出，极有激情，最擅长把深奥的理论讲得简明扼要"。可以说，他是主持上海市历史教研活动与历史教师培训的理想人选。但是，他的自身经历则受到了一些同行的批评。有人认为他没有留在延安是意志不坚定的表现；也有些比较旧派的教师并不觉得马列主义理论功底好就是什么大才能；还有些老教师对他的史学造诣不太服气，甚至有人写信到市教育局要求更换讲课人选。因此，有的教师批评20世纪50年代初期上海的教研活动是"教育局很少领导，流于各自为政的状态"③，乍一看来与当时搞得轰轰烈烈的集体教研面貌很不吻合，但是内里未始无因。

第二个问题，则是语言的障碍。当时上海的历史教师大多来自苏州、宁波与上海三地。在进行区、市教研活动时，大家多以本地方言交流，对在场的南下干部来说，颇有诘屈聱牙之感。因此，历史教师在讨论问题时出现偏离主题或者各说各话的情形，主事者很难定夺，更不用说在一片纷纭中指引方向了。

第三个问题，是缺乏对培训者的培训。20世纪50年代初期，对新入职的历史教师的主要培训方法，是组织他们参加教师进修学校的补习班。补习班按照唯物史观将历史知识系统化讲授给培训者，受培训者又往往照搬培训课上的内容回到学校里去上课。这里面的问题在于，培训教师的马列主义知识也往往是出于自学，远没有几十年后经过反复锻造打磨后来得那么的完善和工整；在教学方法上，他们与新中国成立前的许多教师在中学上课时也没有多大差别。正因为培训教师的课往往会对被培训的教师产生很大的影响，所以，虽然当时新教师很多，但前一历史时期教学风格的影响并没有因此消亡。④

当然，也许在当时统一思想的过程中要面临的困难还不止这些，也许上述内容也不一定就是造成困难的主要原因。很显然地，20世纪上半期历史教学的遗风不可能立刻消除，而且还会在一部分老教师中有所保留。

这种保留在当时的直接表现就是老教师对历史教材不满，乃至谋求突破教材限制。1956年，新中国第一套部颁教材已经付诸使用。当时的情况是，既有如陈喜这样奉教材为圭臬的，也有对教材进行严厉批评的。1956年，《历史教学》杂志组织了全国范围内的历史教师进行教学笔谈，在七月号发表的教学笔谈中，参加

---

① 随着中苏关系的恶化，这一观点不再被提起。直到1981年，包启昌老师发表《在历史教学中对培养学生思维能力途径的探索》，提出"一堂课一个中心"，对此前的"一堂课一个基本思想内容"进行了进一步的探索和发展。

② 陆满堂，1955年毕业于华东师范大学，后留校任历史系教师。改革开放后历史教学法研究的开荒者之一，20世纪80年代末至90年代初担任上海高考历史学科命题组组长。

③ 鲍文希：《笔谈"改进中学历史教学"》，载《历史教学》，1957(7)。

④ 以上三条原因为沈起炜的看法。沈起炜回忆，彭禹记录整理，未发表。

者大多数是十五年以上教龄的老教师，对教材的批评措辞极为严厉，人人指称教材"脱离实际"。上海第五十七中学有三十年教龄的钱海一先生认为，教材"虽数十年的老教师非啃不知其味，新教师可能啃而不知其味，学生则更难于一啃"；上海向群中学、培明女中有十六年教龄的钱重六先生认为，"高中的教材尽可大力精简……记得三十年前商务出版的高中本国史很简单，而原编者吕思勉另出一部白话本国史，正适合了同学的要求"。天津第一中学有二十年教龄的韩时勉先生更主张应"允许任何教育工作者编写课本（当然要符合教学大纲），给以发表出版等等便利，不应用'送审'办法限制。各学校可以随意选择使用。各种课本可以和平竞赛（着重号为原文即有）"。可以说，这是新中国最早的"一纲多本"的呼吁。批评之严厉，迫使编辑部不得不在八月号《笔谈·续》的说明中表态回应："（个别人）对过去几年的教学改革和教材编写工作采取了一笔抹杀全盘否定的态度，这显然是错误的。"

尽管如此，各地教师还是投入了不少精力学习苏联，钻研课本和教法，总结了不少的教学经验。上海在当时是历史教研的一大重镇，20世纪50年代上海教师共发表21篇历史教学论文（当时的教学类杂志很少），贡献了不少好的教学经验，这些经验直到今天仍不失其价值和启示意义。以下仅简要罗列：

1. 以小说、传奇、诗歌中写实部分的片段以及图、照片、遗物作为史料进入课堂[①]。史料教学的某些做法在20世纪50年代甚至更早就已经在教学实践中使用，尤其是注重在提出史料前先对学情进行分析，也较为强调史料指向的一致，而反对使用那些可能导致与课本内容相异结论的史料。

2. 通过历史分期与归纳基本线索加强学生对历史知识记忆的效果[②]。

3. 通过尽量使用课本字句来帮助学生形成历史观念。[③]

4. 对小组合作学习的程序、方法与效果进行总结。[④] 对小组合作学习的运用与总结，同今天大致相同。

1957年以后，中国进入了多事之秋。先是1957年的反右，大批中学历史教学界的老教师被牵连。再是"大跃进"，教育当然也不能独善其身。总的说来，全国的历史教学进入了一个高度政治化的时期，教研组的一次日常备课中也可以看出资产阶级与无产阶级两条路线的斗争[⑤]。紧张而亢奋的气氛，充斥着全国。这里摘录当时某篇《跃进决心书》[⑥]如下：

亲爱的中学历史教师同志们：

为了贯彻毛主席提出的教育方针，使中学历史教学工作开创一个新的局面，为了把自己早日锻炼成为红透专深的工人阶级知识分子、按照多快好省、灭资兴

---

① 翁大屾：《历史教学中怎样贯彻直观的原则问题》，载《历史教学》，1952(11)。
② 上海市教育局试教新课本教研组：《七校试教历史新课本期中小结》，载《历史教学》，1956(6)。
③ 上海市教育局试教新课本教研组：《七校试教历史新课本期中小结》，载《历史教学》，1956(6)。
④ 张志康：《学习党的教育方针改革历史教学的初步尝试》，载《史学月刊》，1959(3)。
⑤ 天津市第一中学高一备课小组：《通过一次备课看历史教学中两条道路的斗争》，载《历史教学》，1958(12)。
⑥ 《跃进决心书》，载《历史教学》，1958(5)。

无、厚古薄今、边干边学的精神改造自己，改进教学，特提出我们的跃进保证如下：

……

（五）在充分掌握教学大纲和教科书的基础上，结合教学实际的需要，系统地学习史学的有关部分，系统地掌握住史学的基本知识，并随时随地吸收史学界新的科学成就，以提高业务水平。争取在一二年内能用普通话进行教学，并能胜任由初一到高三的各年级的历史教学，三五年内能教相近的学科一至二科（如政治、语文等）。

（六）在一二年内学完逻辑学、心理学，并能熟练地按教学法的基本原理进行教学，还要在这方面作出一定的贡献。

……

这种情况一直持续到1961年才有所转变。但到此时，"言必称教材"的风气已经形成。但应注意的是，这一阶段对历史教材的重视，不仅仅是注重对教材知识的掌握，也更加注重政治的宣传效果。虽然也有论文会提到学生能力的培养（主要是比较抽象的"独立思考"能力），但是很少有人专门去做这方面的分析和研究。

1961年，随着国家整体政策走向"调整、巩固、充实、提高"，在"大跃进"中狂热起来的教育也开始恢复冷静。1961年7月，复刊的《人民教育》发表了《论提高教育质量》一文，反映出各地，尤其是上海正在组织讨论如何在教学中落实基本知识和基本技能的问题，教育界也已开始了对"双基"问题的关注。12月，《人民教育》刊发了《关于教学改革试验的几个问题》，将学校教育的功能定义为："主要是传授'人类所积累起来的知识'。中小学的教学要集中传授最基本的文化科学知识，进行各种课程的基本训练，并且以课堂教学为主要形式。"在同期的《人民教育》上，还有一篇题为《回顾与前瞻——关于提高中小学教育质量问题》的社论，同样把落实"双基"看成是全日制中小学教育的主要工作。

随着1961年的风气转向，"双基"开始受到关注，学校、学生、家长的注意力也随之转向考试，导致教材的影响力被大大削弱，政治教育在无形中也被弱化。1963—1964年，《人民教育》组织了对考试问题的讨论。当时有教师指出，在考试背景下，有的学校和教师"删去一部分教材，'减轻学生的负担'"[①]；有人认为，"（应试）严重地影响党的教育方针的贯彻……由于统考，教师和学生平时重视的只是统考所包括的那一些内容，政治思想教育因而削弱了"。[②]

20世纪60年代出现的另一个教学研究热点是"启发式教学法"。

教育界把"灌输"（或注入）与"启发"看作两种对立的方式由来已久。除了毛泽东1929年写作的《教授法》对后来的解放区教育影响很大，1941年梅贻琦在《大学一解》中谈到的"若今日之教学，恐灌输之功十居七八，而启发之功十不得二

---

① 侯天奎：《大家都来关心考试问题》，载《人民教育》，1963(11)。

② 《有关考试的几个问题》，载《人民教育》，1965(5)。

三"①，同样是将灌输与启发看作是两种对立的教学法。在 20 世纪 50 年代初公开发表的论文里，往往把启发式看作是新民主主义民主的，而把注入式教学看作是法西斯独断的②。

至 20 世纪 50 年代中期，教育界还没有公开地将"启发式教学"的提出归功于毛泽东③，也只是停留于把启发式作为一种重要的教学方法，与注入式互为补充，而且在某些情况下其效果要远远高于注入式的教学方法来加以讨论和介绍。1956 年，东北师范大学附属中学的吴雁南先生在《在历史教学中怎样运用启发式谈话》一文中说："一般地讲描述和叙述课是不能用启发式谈话的……举例来讲，如：讲明清史的明末农民大起义的经过是不必而且也不应该采用启发式谈话的，但在讲授明末农民起义的原因及其失败的原因和影响则可以而且应该采用启发式谈话了。"

到了 20 世纪 60 年代，随着对毛泽东个人崇拜的加深，毛泽东发表于 1929 年的《教授法》逐渐成了启发式教学法的唯一思想来源。对启发式教学的经验总结也就成了 60 年代初期最受瞩目的教学问题。

在这样的背景下，教学刊物上也出现了很多严肃地讨论教学方法、交流教学经验的文章，政治气氛也不如"大跃进"期间那么浓郁。至此，中学历史教学已经完成了对各种教学思想源流的合流。对教材的辩论质疑完全消失，在教学上也形成了一定的规范。大致来说，在讲课方法上，反对"一讲到底"的注入式教学，主张讲授、提问与谈话相结合的启发式教学。在具体的教学设计中，由于要求教学的生动形象，教师虽然不能更生动地解释教材与组织知识的框架，但可以通过在不同的部分引入不同的故事、材料或细节，从而使教学仍保留有相当的个性。以下节选上海凤城中学李克毅先生 1961 年设计的《中国民族资本主义的产生》教案，读者可以从中了解当时的教学情况。

清政府对民族资本主义也抱着恐惧与敌视的态度，它们一方面，恐怕新式工业发展起来会使劳动人民集中在一起，动摇它的封建统治；另一方面，他们又怕人民掌握机器以后，利用机器制造枪炮，使他们手中所拥有的陈旧兵器，相形见绌。因此当时的封建统治者千方百计地加以阻挠和破坏。例如：1882 年李鸿章开始创办上海机器织布局时说："十年以内，只准华商附股搭办，不准另行设局"，并且禁止仿效。后来他看到中国各口综计官办商办工厂已有纱锭四十万，布机五千架的情况，更提出"十年之内，不准续添"的意见。公然表示他们企图以垄断包办、包而不办来限制中国民族资本主义的发展。由于中外反动势力的压抑和破坏，因此中国民族资本主义的发展是艰难的，缓慢的。所以，中国的民族资产阶级同帝国主义和封建主义有矛盾，对社会改革有比较强烈的要求。但是，中国民族资本主义，由于"先天"不足与"后天"遭遇，在经济上和政治上异常软弱，更兼他们"同帝国主义和封建主义并未完全断绝经济上的联系，所以他们又没有彻底

---

①　梅贻琦：《大学一解》，见同斌编《清华老讲座及其它》，12 页，华文出版社，2003。
②　郭绳武：《中学国文教学底一种状况》，载《人民教育》，1950(5)。
③　这一点可以从当时的论文广泛地以凯洛夫或卡尔曹夫的观点作为理论依据，而未见引用毛泽东著作看出。

的反帝反封建的勇气"。因此，中国资产阶级，一方面有参加革命的可能性，另一方面又有对革命敌人的妥协性。这就是中国资产阶级"一身二任焉"的两面性。

我们从这个片段中可以看到，20 世纪 60 年代初，中学的历史教学已经形成了后来我们所熟悉的一个完整的历史解释框架，教师在教学设计中自觉地运用史料来帮助学生加深对历史问题的理解。需要特别注意的是，如果将这段摘录里引号部分给出出处（作者原附出处，摘录时删去），单独开列出示并给出几个课堂设问，我们可能很难发现这是四十多年前的教学设计。

但是这一"黄金时期"[①]只有短短五年。1966 年后对历史教学的研究又陷入低谷，历史研究被约束在农民战争史、阶级斗争史、儒法斗争史、无产阶级专政下的继续革命史等少数领域，历史课程也一度被取消。在这样的背景下，难免出现"师资队伍不齐，教学业务荒疏"[②]的情况。但应注意的是，也有一些教师，如 20 世纪 70 年代起主持上海历史教研工作的林德芳先生等依然在有限的空间里着力于对历史学、历史教育的思考与探索。1970 年启动的历史教材编写，规定将中国古代史、中国近现代史和世界近代史教学分别置于小学、初中、高中进行，林德芳先生被派遣在上海组织队伍编写教材。在当时的背景下，林德芳先生和他率领的编写队伍仍尽力还历史教材以历史的本真，可谓难能可贵。当上海历史教研重新步入正轨的时候，林德芳先生领导主持下的上海历史教学特别重视能力、方法的教育，并在上海历史教学研究形成新的传统，或许不能说与这段历史带来的教训无关。[③]

三、奔流：改革开放时代的教师与教学

经过十年的动荡，上海历史教坛面临着拨乱反正、"组织队伍，重新起步"的任务[④]。

拨乱反正之初，上海历史教育界主事的三所机构、五位新老人物举足轻重。

这三所机构是上海市教育局教育研究室、上海教育学院、华东师范大学，主事人分别为上海市历史教研员林德芳，上海教育学院沈起炜、林丙义，华东师范大学历史系陆满堂、金相成。

林德芳与沈起炜已见前文。林丙义与陆满堂却是两位"新丁"。林丙义少沈起炜 30 岁，于 20 世纪 60 年代初大学毕业后在上海虹口中学执教。为师诙谐不经，好讲笑话。60 年代初的风气下，上课少约束，他曾一个学期只从德国闪击波兰讲到斯大林格勒战役。"文化大革命"爆发后，学生贴大字报批斗他上课时讲笑话太多、忽视政治教育，林丙义因此颇吃了些苦，幸运的是当时的上海"武斗"风气不盛，不至于挨打[⑤]。"文化大革命"结束后，林丙义调任上海教育学院。

陆满堂，1934 年生。1951 年进入华东师范大学历史系工作，是华东师范大

---

①　语出沈起炜回忆，彭禹记录整理，未发表。
②　陆满堂，《中学历史教学新论点》，合肥，黄山书社，1990。
③　林德芳回忆，彭禹记录整理，未发表。
④　陆满堂，《中学历史教学新论点》，合肥，黄山书社，1990。
⑤　林丙义、张耕华回忆，彭禹记录整理，未发表。

学建校时的第一批教师。起先他承担世界古代史研究及教学，并被派大连随苏联专家学习过两年；中苏关系恶化后，被迫转入中国史专业；到"文化大革命"开始，学校闹"革命"，办公室无人看管，系里又安排他管理办公室。一转眼到1978年，已经是44岁步入中年的他，因为系里建立历史教学法专业的需要，又转到这一全新领域。金相成是陆满堂的学生，1958年从华东师范大学历史系毕业后即留校工作。同样的几经辗转，也与陆满堂一道进入历史教学法专业。工作上的变动，完全出于集体的需要，无关乎个人兴趣、特长与学术背景，这是那个年代里教师的普遍命运。上海历史特级教师孔繁刚也曾在"文化大革命"期间先后被学校安排教过英语和政治。随着权力对个人命运的干涉渐少，陆满堂与金相成自此一直从事历史教学法研究，直到退休。

其时，上海教育学院主持教师培训，华东师范大学主持教学理论研究，而教研室总其事。在教育第一线上，上海毕竟家底雄厚，虽经时间、运动的双重冲击，但一批史学与教学功底深厚的教师还留在教师队伍里，且又不断有新血加入。几年时间里，人人奋发，各方通力合作，呈现出一派欣欣向荣、大河奔流的局面。

与一般高校以承担学术研究为主要职责不同，上海教育学院建立的初衷即是为中小学教育服务的。因此，教育学院的资料室常年向全市中小学教师开放，教师借阅资料的便利有时超过上海图书馆。于是，很多爱看书的教师到了周末或是在平时进修的时间，就来上海教育学院的图书馆看书，而且还能经常就日常教学中的一些体会和疑惑与教育学院的教师们交流，不少中小学教师因此而与上海教育学院的教师终身相交莫逆。

华东师范大学原没有历史教学法研究方向。从建立这一新专业后，陆满堂与金相成师生二人用了两年时间，从吉林到长春，再一路南下广州，一是沿途拜访各地教学法研究的老前辈，如长春薛虹、北京赵恒烈等；二是联络各地同行，推动1981年在北京创立中国教育学会历史教学研究会；三是采风当时中学历史课堂教学实践，与中学教师建立友谊。

林德芳作为市教研员则独出机杼。他不搞运动，不下命令，专心于发掘有个性的历史教师与组织研讨各种问题，使有所长者可以发挥，有不足者在研讨中进步。以一事为例，包启昌先生提出"一课一个中心"，被广大教师广为接受。当时教学界对"中心"的一般理解是：只有事件才能作为"中心"。但上海中学的孔繁刚老师向林德芳提出：人物能否成为设计的"中心"？林德芳反问：能否上一节课来看？于是便组织了一次市级的公开教学观摩，由此在上海开始多出了以重人物教学为特色的"孔派"一脉。对于教学中常见的一些弊端，如死记硬背、照本宣科等，林德芳并不作直接的批评，而是默默记下，待机缘适当，便组织"历史课怎样讲故事"等讨论，使身居其中者自然而然地受到感染，产生春风化雨、润物无声的教育效果。

1979年底，在林德芳、陆满堂等人的发起下，上海举行了中学历史教学专题讨论会，到会的有上海历史教师242人、上海高等师范学院的有关教师、外省市14所师范院校的27名代表。这次会议上主要讨论了：(1)中学历史课中的基础知识和基础技能(即所谓"双基")教学及训练问题;(2)中学历史教学中的思想政治教育问题;(3)启发式教学问题。① 由这三个问题的讨论,完成拨乱反正,使历史教学关注的问题回到正轨。

20 世纪 80 年代的教学较重视"双基"问题。在此背景下观察教师在课堂中的行动,大致可由四个部分构成:教师讲述、组织学生研讨、书写板书、使用教具。这四方面各有突出的代表人物。

1982 年,上海教育学院林丙义发表了《我对中学历史教学中几个问题的看法》,主张"教师在课堂教学中,应该用主要的精力和时间来讲解历史知识,即使'一讲到底'也无可非议。只要教师讲得正确、具体、生动,有条理,逻辑性强,就能启发学生思考,就是'启发式'"②。在"启发式"大行其道,"讲述法"几乎被视为等同于"灌输式"的年代,这一主张颇有一些逆潮流而动的味道。但是作为一篇来自高校的论文,却又给教师们继承传统提供了必要的支持。"正确、具体、生动,有条理,逻辑性强",能启发学生思维的讲述也就一直得以作为上海历史教学中重要的一种风格保留下来。当年特别长于讲述,且以此闻名的有闸北中学的任霆、市西中学的吕登来。

任霆,人如其名,声音如雷霆震动,语言精练而譬喻生动,不但震人之耳,而且能动人之心。1982 年,任霆讲授《巴黎公社》一课,说到公社成立的场景时,说道:

> 整个会场就好像一个欢腾的海洋。人们激动不已,你看,士兵们用刺刀挑着军帽在挥舞,千万人群从窗口挥动洁白的手帕,所有的人都在尽情地欢呼,所有人的眼睛里都闪着泪花。巴黎人的心很少有这样激动过。这一天,连盲人也能看到光明。混在群众中的梯也尔的暗探们,一个个垂头丧气地回到凡尔赛报告说:"整个巴黎是一条心。"③

比起任霆先生的激情澎湃,市西中学的历史教师吕登来则是另一种类型。他史学深湛,尤擅长以生动的故事化难为易,不但在 20 世纪五六十年代就已闻名上海历史教学界,即使放眼全国也可谓首屈一指。他曾经应邀编写过《秦汉历史故事》《甲午战争的故事》《鸦片战争的故事》《人民英雄纪念碑史话》等多种历史普及性读物。他的文笔生动有趣,很受读者的欢迎。

在那个没有互联网的时代,他的这些小故事全凭一本书一本书地读出来,正如裴松之所谓"众色成文,兼采为味"。他的课堂一如其文,生动活泼,即使时光流逝了几十年也丝毫不觉乏味。吕登来将在课堂中运用的小故事谦逊地命名为"小零件",例如:

> 蒙哥马利描写当时(二战爆发初期)的情景说,张伯伦政府"在这一段时间内,唯一采取的行动,便是对德国不时进行所谓轰炸,使用的武器不是炸弹而是传单。假如说这就是'战争'的话,那真是只有天晓得"。……当时人们讽刺英国,

① 陆满堂:《中学历史教学新论点》,黄山书社,1990。
② 林丙义:《我对中学历史教学中几个问题的看法》,载《历史教学问题》,1982(4)。
③ 陆满堂、金相成等选编评注:《中学历史课实录》,北京,人民教育出版社,1985。

说英国空军对德国投下的不是炸弹而是"纸弹"。①

　　这个"小零件"是他用来说明第二次世界大战爆发初期英法联军是如何在绥靖政策的驱使下按兵不动的。这样的小故事在他的课堂中层出不穷。陆满堂回忆起吕登来上课的情景："一个瘦瘦高高的人站在那里，上海话声音重得不得了，小故事是一个接着一个，台下的学生笑声不断。"

　　对于讲还是不讲、怎么讲，也存在不同的看法。红旗中学的谢介民先生就认为不应该"一讲到底"，而应是"以讲为主"。② 进而甚者，则是最大限度地舍去教师的"讲"以学生的"议"为主。这一方面的代表人物当推钱昌明先生。钱昌明先生在历史教学界的"圈内人"中，以极为深厚的史学功底而闻名。他是太平天国史专家，退休后在上海老年大学讲授近代历史，以精彩的讲述和深厚的功底大受欢迎。但他在中学里，却不大在课堂中展现这方面的才能。20 世纪 80 年代初，他配合育才中学整体的教学改革，在课堂中进行了"读""理""练"三段教学法的尝试：

　　"'阅读'阶段，是学生学习的开始，教师提出问题让学生思考，或组织学生议论来帮助学生理解，'整理'阶段，教师以启发、点拨、归纳的讲述，和学生共同整理知识，对教材内容进行穿线织网，使学生掌握历史知识的基本结构，'练习'阶段，就是以多种形式的练习，进行口头和书面的操练，让学生在训练过程中运用知识，发展智能。"③

　　板书的设计书写首推郝陵生④。他擅长纲要信号法教学，以精心设计的提纲式板书，帮助学生形成对历史的有框架、成结构的认知。他所设计的板书提纲，被北京的教学法专家赵恒烈教授评价为到达了"美的境界"。下面的两张图⑤或可对赵恒烈何以评价之高略窥一斑：

奴隶社会　前 21 世纪 — 前 476 年
- 夏：(前 21—前 16 世纪)—开端
- 商：(前 16—前 11 世纪)—发展
- 西周：(前 11—前 711)—兴盛
- 春秋：(前 770—前 476)—崩溃

图 1

① 吕登来：《历史课与"小零件"》，载《历史教学问题》，1982(3)。

② 谢介民：《不要"一讲到底"，要"以讲为主"》，载《历史教学问题》，1983(1)。

③ 陆满堂：《上海中学历史教改述评》，载《历史教学》，1986(8)。

④ 郝陵生，生于 1931 年，1960 年毕业于上海师范学院历史系，教过俄文、文艺、语文、政治，1976 年起担任历史教师。

⑤ 郝陵生：《教学改革道路上的试步》，见杨向阳主编：《上海著名历史教师教学思想录》，上海，百家出版社，2000。

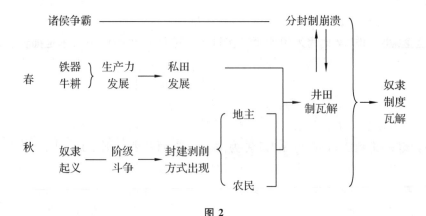

图 2

　　郝陵生的板书设计原则是"宏观要清楚，微观要严密，宏观、微观要联系"。先在单元开始时绘制出图 1，以建立宏观的历史知识框架，再在框架内的每一个局部放大为图 2 的形式。在恢复高考、重新重视"双基"的年代，这一做法可以说是行之有效的。华东师范大学历史系教授张耕华就曾是郝陵生先生教学的最早受益者之一。1979 年高考前夕，当年的青年工人张耕华参加了华东师范大学第一附属中学的夜校补习。在每天 2 课时的短短一周里，作为夜校授课教师的郝陵生完成了中国古代史、中国近代史、中国现代史和世界古代史、世界近代史、世界现代史这六大板块的系统复习。[①]

　　此外，石化一中的蒋伟老师用大量业余时间制作了抽插式活动地图，为当时自制和使用教具的代表人物。自制教具、挂图都是现代多媒体技术应用以前教师丰富课堂的必备之物，保留下的实物很少见，我们只能从下面这样的文字实录中大致猜想当年抽插式地图的样式以及教师制作的辛苦：

　　（挂出《淝水之战示意图》）……谢安先命令一名水军将领带领五千水军，从淮河逆流而上，去增援寿阳，还未到达而寿阳已经失守，被迫在硖石扎下营来，等待救兵。（抽动插片，图上出现晋军逆流而上进驻硖石的活动路线）寿阳城里的符融晓得已有晋兵来了，他一面派兵包围了硖石，（抽去插片，图上出现秦兵包围硖石的包围圈）一面派一将领率领五万军队挺进到洛口，并在洛涧西岸修了一条工事，以阻止东晋的主力部队。（抽去插片，图上出现秦兵进军洛口的箭头和防线）……[②]

　　从 1978 年开始，上海师范大学的部分研究人员在上海市政府、市教育局的支持下着手进行教育和课程的整体改革实验[③]。在经过十年的改革准备和数据积累后，上海于 1988 年开始了教育和课程的整体改革，称为"一期课改"。相比十年前，此时的上海教学已经完成了人员与经验的积累，无论是教学理论还是教学

　　① 张耕华口述回忆，彭禹记录整理，未发表。另据张耕华口述，他担任 2010 年上海高考历史命题组组长时，以一道"辛亥革命"试题向郝陵生先生的课堂致敬。读者可稍加注意。

　　② 蒋伟：《西晋的短暂统一和南北对峙局面的形成》，见陆满堂、金相成选编：《中学历史课实录》，人民教育出版社，1985。

　　③ 上海师范大学教育科学研究所"中小学教育体系整体改革"实验组：《迎接未来挑战的中小学课程改革》，载《上海师范大学学报(哲学社会科学版)》，1989(4)。

实践都已经日臻成熟，足以承担起改革大任。中央教育科学研究所黄慕洁统计1979年以后十多年里出现的历史教学方法，一共有72项，其中上海提出的就占了12项，居全国之冠(第二名是北京，共7项)①。郭景扬②则指出：

> 教师一面对传统的教学方法进行革新，一面研究试验新的教学方法，探索如何提高掌握历史知识的效率，如何培养智力能力，如何激发情感，如何发展个性……开始形成在各地，甚至在全国范围内有影响的教学流派。③

"一期课改"的大幕就此拉开，呈现出一个个性多元、精彩纷呈的大舞台来。"广大教师对于历史教育的作用出现了各种不同的认识"④，于是涌现出一批充满个性与思想闪光的教师。1989年5月，上海中学教师孔繁刚公开执教《罗斯福新政》一课：

> 听课的除了市历史教研员林德芳以外，还有市教研室副主任语文教学专家陈钟梁、著名英语教研员陈少敏等其他学科的教研员。临上课时，市教育局副局长张民生也赶到了教室。这节课上，我费了相当多口舌，介绍20世纪30年代罗斯福就任美国总统时，形势十分严峻，几乎面临崩溃的边缘，他以当年战胜不治之症的坚忍不屈精神和顽强不屈的意志，抱着对人类的同情心，尤其对"压在金字塔底层的被遗忘的人们"的关注，坐着轮椅来到民众之间，调查研究，了解下情，并通过著名的"炉边讲话"，用亲切的语言，开诚布公地向人民叙说国家的困难，解释政府的政策与措施，取得了人民的理解信任与支持……他在非常时期用和平手段将社会主义的"公平、公正、公共"理念和政策注入美国社会，推行新政，实施国家、政府对经济干预，虽然没有改变美国资本主义社会本质，却实实在在改善了美国的社会状况。用罗斯福自己的话说，白房子还是白房子(在美国人的词汇中没有白宫，只有white house，美国人心目中没有君主的概念)。但里面实现了更新换代，从而渡过了危机，经济复苏、人民生活改善、社会安定，并在"二战"后成为西方国家普遍采纳与实施的方针与政策，理论上也日趋完善与成熟，保证了资本主义国家的稳定和可持续发展，他本人也成了继华盛顿的创建国家、林肯的挽救国家后又一位里程碑式的伟人——他发展了国家。⑤

激情与思辨、历史与现实既交织出了作为历史教师的孔繁刚的教学个性，它又像一个多棱镜，折射出经过十年积淀的上海历史教学的个性。

"一期课改"以前，上海只有一位历史特级教师——包启昌先生。经过十年课

---

① 黄慕洁：《1979—1994年中学历史教学方法改革述评》，载《历史教学》，1995(6)。一说400多种，见白月桥：《历史教学问题探讨》，北京，教育科学出版社，1997。

② 郭景扬(1944—)，上海著名教育学者，著名历史教学与考试命题专家和著名教育管理专家，教育部中学校长培训中心正处级调研员。曾先后任上海嘉定县桃浦中学历史教师、上海教育学院教授、华东师范大学华光学院副院长、中国教育学会中学学业质量保障研究所所长等职。

③ 郭景扬：《中学历史教学流派分类研究》，载《历史教学问题》，1989(11)。文中将历史教学分为传统革新、情感教育、纲要图表、情境复现、探讨发现五个方面。由于作者当时主要依据的分类原则是教学方法的差异，因此也可以视作是对当时流行的72种教学方法的一次总体概括。

④ 聂幼犁：《历史课程与教学论》，杭州，浙江教育出版社，2003。

⑤ 孔繁刚：《天时、地利、人和造就了我——四十余年教学生涯的回顾》，载《中学历史教学参考》，2008(12)。

程改革,上海教育界多了十余位历史特级教师。这些教师或以思辨见长,或以板书闻名,或精于训练,或善于启发;有的师承名家,有的自学成才,有的立足上海,有的扬名全国。可以说是人人皆有所长,家家都有不同。在当时的社会背景下,不求全才,不求全人,能够令历史教师充分施展其个性与才能,并因此受到鼓励,正合上海历史文化海纳百川、兼收并蓄之风貌。

20世纪90年代的第一位历史特级教师是朱正谊。朱正谊先生任教于上海回民中学。这是一所培养在沪少数民族学生的学校,朱正谊先生在"民族教学"方面投入了非常多的精力,蜚声海内,并多次受邀前往云南等地传讲教学经验。1990年,他获得历史特级教师称号。但朱先生的治学并没有因此而止步。退休后,他虽然随子女侨居海外,但还时常在当地的图书馆阅读档案、书籍。某次回上海时,他特地致电聂幼犁教授,交流自己在海外图书馆的阅读体会①。可见,朱正谊先生平生治学的严谨。

孔繁刚为上海市第三批历史特级教师之一。他以"讲"而闻名,但却从来不会使人以为"保守"。旧故事在他的讲授中,经常能讲出新味道。还有,孔先生读书很勤奋,随身常带着记事本,读书见一事不知、交谈闻一言未闻则喜,随手记下。因此,他虽已年逾70,但与青年人交谈时,其观点新颖,思路敏捷,常为青年人所不及。孔先生又对历史事物有特殊的敏感,往往一事一课,皆有点睛之语。例如,20世纪90年代指导上海中学薛建平的《宋元时期的对外交往》设计时,有"马可·波罗用了20年了解东方,而欧洲用了200年来了解马可·波罗"②之语。

与孔繁刚先生同年获历史特级教师称号的还有蒋衍先生。蒋衍先生所长,一为板书,二为对教材"潜台词"的发掘。蒋先生板书精练整齐,可以说独一无二,而尤其令上海诸多老人念念称道的是,他能够"倒写板书"。据见过他讲课的老教师回忆,蒋先生上课时以右手食指、中指倒夹粉笔。讲课时,蒋先生面朝学生,一边同学生交流对话,一边将师生总结的内容随时写在黑板上③。在这一过程中,蒋先生不用回头,语毕则板书毕,且字字银钩铁划,每一行、每一列都整齐对应,令人叹为观止。蒋先生对教材"潜台词"的挖掘则是另一绝活。所谓"潜台词",意指教材的言外之意和未尽之言。他能将教材因种种原因没有充分写清、写完的问题通过师生课堂活动做充分的阐发。退休后,他长期在上海市徐汇区指导青年教师。2011年,因病去世。在他住院期间,门生弟子前往探望者逾3000人之众。

20世纪90年代中期获得历史特级教师称号的有沈怡、华士珍等先生。沈怡先生多年从事高考、会考命题,擅长学生的能力训练与课堂提问设计。例如,关于19世纪70年代中国边疆危机问题,沈怡先生提问时加一"新"字,意蕴顿时不同。一字之差,学生的思考就从知识性、记忆性的思考转变为一个对中国近代历

---

① 聂幼犁回忆,彭禹记录整理,未发表。

② 薛建平、孔繁刚:《宋元时期的对外交往》,载《历史教学问题》,1993(4)。

③ 孔繁刚回忆,彭禹记录整理,未发表。

史做纵向联系比较的能力性思考。华士珍先生则长于讲述，对学生学习中的"负迁移"现象有特殊的见解。"负迁移"是指学生在学习知识的过程中，新旧知识间的前后干扰。华士珍先生在探讨如何通过建立知识网络、抓住各种细节来帮助学生澄清概念、防止"负迁移"方面的贡献良多。他又是较早地将国外的"微格教学"引入教师日常备课的人。华士珍先生备课时，先用录音机将自己设计的每个教学片断录下，而后针对录音做逐字逐句的推敲。对录音中每一字的吐音轻重长短都要进行比较，然后逐片断地推敲文字、设计问题。①

20世纪90年代后期获特级教师称号的有钱君端、林德芳等先生。钱君端先生为包启昌先生的高足。90年代初，她在电视台讲授中国近代史电大课程，门生遍及上海。在历史教学方面，她精于引导学生的发问，将教学提问的研究从教师发展到学生，是一位在教学思想与实践上走在时代前列的教师。钱君端先生在上海敬业中学任校长多年，不仅不失学者本色，而且平易近人。曾有某位青年教师前往敬业中学拜访钱先生，他在校长室见到一位衣着朴素的老太太正在低头拖地，还以为是学校工友，上前发问才知道所见正是著名的特级教师、学校校长钱君端先生。钱先生从事教育不仅重言传，且重身教。例如，在教室见到地面卫生不整，她从不加批评，而是手执工具自为清整，不发一言而让学生知耻。

除了特级教师群体，上海教学界藏龙卧虎，尚有不少"传奇人物"。前文所述钱昌明先生是其中之一，徐汇中学以史学功底深湛而和钱昌明齐名的黄晨敏②、南海中学专治影视历史教学的叶永广等名家也常被同行津津乐道。有些至今仍活跃于教坛，在各种刊物上也常见他们的文章。

20世纪90年代末，上海"二期课改"（第二期课程改革）启动，教育界也正在前一期课改的基础上开始思考未来教育变革的方向。1999年，《历史教学问题》第6期发表了市教研员於以传先生的《变是永恒——我看21世纪的历史教学》，在相当程度上代表了上海历史教学界对当下与未来的思考，解释了当时上海历史教师心目中的"适应时代潮流、培养未来人才"：

历史教学应当着眼于人的素质的全面提高，而不应斤斤计较于学生记住历史知识的多少……强调学习的过程比强调学习的结果更为重要……采用多种教学方法，对各种教学方法进行优化组合……还应当注重对学生研究问题能力的培养。

那么，学习过程的课究竟应该怎么上呢？1997年，新疆著名历史特级教师李惠军"转战"上海。在到达上海的第二年，他以一节《彼得一世改革》技惊四座：

1998年4月19日是上海市进才中学的教学开放日。这一天，上海市教育委员会教学研究室主任孙源清和上海历史教学研究会会长林德芳进了他的教室，要求听一节常态课。这节课讲的是彼得一世改革。遇到两位专家前来听课，李惠军恰好前不久读了俄国人写的一本名为《蜕变的俄罗斯》的著作。于是想从地缘学、文化学、民族学、宗教学和现代化角度展开论述。讲课伊始，一切都非常顺利。正当他神采飞扬地准备深入分析这场改革性质的时候，意外情况突然发生了。一

---

① 杨向阳主编：《上海著名历史教师教学思想录》，上海，百家出版社，2000。
② 黄晨敏先生为上海设立职称论文鉴定以来唯一的"A"级获得者。

个学生在回答完关于这场改革的迫切性后，却意犹未尽地抛出了这样一个观点：
"我认为从彼得一世的主观愿望来说，就是梦想把俄国从一个封闭落后的内陆国
家变为开放的、强大的海洋国家。你非得把改革的话题引到资本主义性质还是农
奴制性质上去。我认为彼得一世压根就没考虑这个问题，这些性质都是后人赋予
他的，这个东西没有意义。李老师，你看我的观点怎么样？"这个问题因为太突
然，李惠军老师并没有做好准备！于是，他决定将这个问题交给同学进行交流讨
论，没有想到，更为严重的事情发生了：问题抛出后，同学们议论纷纷，莫衷一
是。同学们争得面红耳赤，教学节奏和预设流程开始失控。李老师想把学生牵引
回自己的教学流程上来，建议学生停止争论。这时听课的孙源清和林德芳暗示，
建议让学生继续讨论。就这样，一直到下课铃声响起，学生们还没有争出个结
果。李老师非常沮丧，难为情地向两位专家表示了歉意。然而，孙源清主任的答
复却给了李老师积极进行课堂教学改革探索的勇气："这是一节体现了课程改革
精神的好课，表面上看，你的设想没有完成，但是，学生却在进行着思考。学者
可以讨论改革的性质，难道就不允许学生进行独立思考吗"？1994 年 8 月，全国
历史教学研究年会在河南南阳召开，根据林德芳老师的建议，李惠军老师原汁原
味地把这节课进行"还原"，请上海市电教馆进行录制，作为反映上海历史课程改
革标志性的课，送年会展示研讨。在这次年会上，李惠军的这节课遭到了专家和
老师的普遍质疑。就连与会的上海专家也从课堂教学的规范性、教学目标的达成
度、教学内容的完整性和教学效果的有效性等角度对这节课进行了猛烈的批评。
甚至有人说，这节课不仅不能代表上海的教学改革方向，而且是对上海教学改革
方向的曲解。还有老师开玩笑地说，李惠军老师的这节课最大价值倒是可以作为
失败的案例，供大家总结教训，引以为戒。只有极个别的人从"教材中心"还是
"学生中心"的角度一分为二地指出了这节课的些许"亮点"。①

应该说，这样的课堂在 20 世纪末极为少见，不过，这样一次走在理论之先
的实践受到广泛质疑并不让人意外。但时过境迁，听过这节课的教师谈起尚津津
乐道，公认李惠军先生于其时开风气之先。

在此背景下，研究性学习、基于史料的教学、史学方法论教学进入教师们的
视野。

上海的"二期课改"早于教育部的有关文件②引入"研究性学习"，且上海的"二
期课改"先于全国"新课程改革"，历史教学中的研究性学习也就率先于上海实验
展开。

在最初的几年里，像后来许多开展研究性学习的地区一样，上海的不少历史
教师首先将研究性学习理解为教学形式的改变。在各种公开课上，历史剧、小
品、辩论、海报、漫画、主题讲演、历史小论文等新的课堂形式层出不穷。但因
此也难免忽略对历史本体知识的关注，导致其他省市历史教学界一度对上海历史

---

① 摘编自姚丹旭《我思、我行、故我在——李惠军老师专业发展历程探微》，华东师范大学 2008 年硕
士论文。

② 中华人民共和国教育部：《普通高中"研究性学习"实施指南（试行）》，2001-04-09。

教学有"搭花架子"的看法。但实际上，这些探索一方面对于深入了解不同教育形式有很大的价值；另一方面也使上海历史教师在这方面积累了相当丰富的经验，为此后能够专注于历史本体知识的挖掘，乃至在更广泛范围内进行教学实验打下了重要的基础。

2003 年，《历史教学》杂志连载了聂幼犁、於以传撰写的《中学历史课程研究性学习理论与目标纲要（讨论稿）》[①]，从 21 世纪初上海百余个研究性学习案例中精选了九个，分为"问题式"和"主题式"两大类进行探讨，并对这九个案例做了详细的评点和解说。至此，上海的研究性学习已经基本摆脱了形式层面的束缚，与历史本体知识发生了紧密的结合。作为一种学习方式，研究性学习和接受性学习一样，能为教师信手拈来，在课堂上灵活地运用。以在上海的积累为基础，聂幼犁先生在此后两到三年中连续发表了十篇针对全国各地研究性学习不同案例的分析文章，推广和普及了研究性学习的观念影响。

基于史料的教学方面，由于多年来上海高考有意识地在命题中引入史料，因而早已引起教学方的注意，且形成了较好的基础。上海市教研员於以传先生则在各种会议、讲座以及教研室命制的调研卷中推动教师对方法论教学的关注。这两者结合在一起，构成了新世纪历史教学改革的重要内容。20 世纪 90 年代后期，聂幼犁先生先后在《历史学习》《历史教学》杂志连续发表高考试题评析，这些评析虽然围绕试题进行，但是对教学深具启发。以聂幼犁先生的研究为基础，上海交通大学附属中学彭禹在《智慧课堂：史料教学的策略与方法》[②]一书中对课堂中应用史料的方法做了较为系统的解说。

进入 21 世纪后，孔繁刚、钱君端、蒋衍等前辈特级教师相继退休，教坛最为活跃的领军人物，当推凤光宇、周靖、李惠军三位先生。

2006 年，上海市教育委员会建立了由历史特级教师凤光宇先生主持的"普教系统历史学科名师培养基地"，2008 年又建立了由特级教师周靖主持的"高中历史学科德育实训基地"。李惠军先生亦在普陀区主持"李惠军历史特级教师工作室"。

这些基地或工作室不定期地邀请高校历史教师前来讲座或是与学员座谈，有的聘请许多高校历史教师作为基地导师。以凤光宇先生主持的"普教系统历史学科名师培养基地"为例，自建立后，除邀请聂幼犁、庄韵勤、李月琴、刘善龄等高校专家担任导师外，仅 2009 年的第二学期便有七位高校教师或研究所专家在基地开设讲座或者座谈。这些活动既令未能进入基地或工作室的教师欣羡不已，也对高校与中学之间增进了解大有帮助。

另一方面，基地主持者对学员的专业成就产生了重要影响。仍以凤光宇先生主持的基地为例，凤光宇先生在 20 世纪 90 年代即以情境教学的教育思想而闻名。进入 21 世纪后，凤光宇先生又率先将乡土史与研究性学习结合。2002 年，他荣获历史特级教师称号。在他主持下的基地以"实践培养、分类提高"为宗旨，对学

---

① 可参见《历史教学》2003 年第 4、第 5、第 6 期。此后，这一阶段的研究性学习探索成果由上海市教育委员会教学研究室汇编成《中学历史课堂教学中的研究性学习及案例》，由上海教育出版社于 2004 年出版。

② 何成刚、彭禹、夏辉辉等：《智慧课堂：史料教学的策略与方法》，北京师范大学出版社，2011。

员做个性化的诊断分析，既导之以讲座、课程，又辅以训练、探讨，受教者称之为"手把手"的指导，所谓"桃李不言，下自成蹊"。学员出师后，自然就能处处可见导师的人格与思想的影响。

除市、区教育机构设立的基地或名师工作室外，另有一项别具一格的民间活动，即"名教授与准名师零距离对话"。这一活动是由孔繁刚先生发起的。

孔繁刚先生在 2004 到 2012 年期间曾担任上海世界史学会副会长。在他担任副会长期间，每年上海高校历史学会的年会，他都会代为邀请一批中学历史教师参加。一方面是希望促使中学历史教师接触研究前沿，另一方面也希望增进中学与高校之间的了解。2007 年上海世界史学会年会召开时，他就有了以某种不同于一般讲座式的活动来促进高校与中学历史学界沟通的想法。这个想法甫一提出，就得到了上海市历史学会副会长王克梅女士的赞同，并且得到了上海市社会科学联合会与华东师范大学的响应。2007 年 11 月，举行了第一期活动，到 2013 年共举行了七期，共有二十余位高校历史教师、两百余人次中学历史教师参加。

每次活动必选择远离市区的地方进行。其宗旨，意在使参加活动的历史教师忘记自己的身份，忘记功利的教育，重返历史的本真。

每次活动必由三部分构成：一是讲座，再是座谈，三是闲聊。其中，尤其以闲聊最为特别。活动的第一天晚上，中学教师可以三三两两到大学教师的房间去"串门"。第二天有半天的时间自由分散活动，仍是以每位大学教师都与几位中学教师自由搭配，或信步而行，或闲坐品茗。虽然聊天无主题，但内容极为丰富，有问有答，且有争论、有商讨，颇有亚里士多德"逍遥派"风貌。

这一活动在上海影响颇大，且及于周边地区。从 2010 年开始，江苏、浙江的一些历史教师也开始参加。

在多方努力下，上海新生代教师也有所成长，各家门下皆人才辈出。如凤光宇基地的朱志浩，凤光宇、周靖基地联合指导下的汪德武，李惠军基地的周飞于 2011 年获评特级教师。孔繁刚先生门下杨国纬、姚虹、彭禹，钱君端先生门下姚军、林振国近年来均颇活跃。

第二章　海阔天空：上海历史教材沿革

新中国成立前，上海各学校使用的历史教材种类颇为驳杂，除使用商务印书馆编印的教材或是吕思勉的《白话本国史》外，也有使用其他出版社的教材、自编自印的教材乃至不用教材的。新中国成立后，原有各种教材被取缔，暂时以各种历史读物代用①，1953 年起，使用人民教育出版社编写的各版统一教材。20 世纪六七十年代上海开始出现地方自编教材②。20 世纪 80 年代上海仍使用统编教材，但应注意的是，1981 年上海复兴中学宗震益先生编写的中外合编历史教材五册，开中外合编教材之先河③。上海市正式编写教材以供全市使用，自 1989 年开始。

一、窥天：第一部中外合编教材

1988 年，上海"一期课改"启动。在这一轮课程改革中，上海获得独立编撰教材的权力。而在近 30 年教材编写历史上影响颇大的"海派"历史教科书由此开始，其中最有特点的部分是高中一、二年级的教材——一部中外历史合编的近代历史教材。

1989 年年底，上海市教育局有关领导找到了沈起炜和林丙义，请他们分别担任上海未来高中历史教材的主编与常务副主编。随后，孔繁刚、傅聚文等另外几位中学历史教育工作者也进入了编写组。参加此次历史教材编写的教师，全部都有中学历史教学的背景。不但有在职的中学历史教师和资深历史教研员参加编写，而且作为教材主编与常务副主编的沈起炜和林丙义也都曾经在中学教学中工作过相当长的时间。

正值改革开放的此时是思想极其活跃的时期。知识界尤其流行中国与世界的比较，通常在世界历史背景下对中国的前途命运进行思考。当时的一位历史学者曾写道："西方资本主义势力在东方、在全世界范围的扩张，这恰恰是中国跨入近代的总的历史环境或世界背景。如果离开这个背景来考虑中国近代史的开端问题，那末我们对于当时中国历史处境的认识，将不超过道光皇帝之流的清代统治者的水平。"④编写组的成员对此颇有共鸣，在商讨编写方案时几乎一拍即合：进行中外合编，而且要在教材中呼应改革开放这一时代的最强音。孔繁刚回忆说，他们是要让学生：

---

① 聂幼犁：《历史课程与教学论》，29 页，杭州，浙江教育出版社，2003。

② 上海 20 世纪 60 年代的教材为近年发现的 1961 年版五年制教材，由华东师范大学历史系部分师生编写。见聂幼犁的《历史课程与教学论》（浙江教育出版社 2003 年版）。70 年代的教材为 1970 年林德芳等编写的。据林德芳回忆。

③ 《教材编写的新尝试——上海市复兴中学编写〈中外历史合编〉》，载《历史教学问题》，1982(3)。

④ 白寿彝主编：《中国通史·导论》第 1 卷，327 页，上海，上海人民出版社，1989。转引自林丙义：《上海高中历史教材评介》，载《历史教学》，1997(2)。

"学习中国历史，懂得改革的必要性；学习世界历史，懂得改革的方向。"①

此前宗震益先生以个人名义尝试编写的中外合编教材是一回事，但是真正把这种形式运用于正式出版教科书的编写则是另一回事。就此前四十年的历史来说，可算是"史无前例"，甚至是相当大胆。可作为教材编写框架参照样本的，只有吴于廑主编采用中外历史合编撰写的高等学校教材《世界历史·近代史编》，而斯塔夫里阿诺斯（Stavrianos，L. S.）的畅销史著《全球通史》则尚未在国内出版。编写组要在中学历史教材的编写上"吃螃蟹"，就只好用吴于廑先生的这本书做"挡箭牌"。

教材由林丙义、孔繁刚等人分头编写，最后由沈起炜审稿。至 1990 年暑假，各人的稿件完成后，送至沈起炜先生处。当时沈先生已经是 77 岁高龄，他在没有空调的书房里开着窗、转着电扇、摇着蒲扇，大汗淋漓地统稿。当然，沈先生的统稿不仅仅是审阅一遍而已，还要在文字上重新组织并加以润色。因此，1991年教材正式出版后，读者读起来丝毫没有多人分头编写而成的拼凑之感。

这套高中教材，回顾起来，有几大特点：

1. 中外史合编，置中国史于世界潮流之中

编写者在教材的"前言"中解释采用中外合编的结构体系时说道：

如果要用一句话来回答这个问题，那就是这更有利于学生了解今天世界与中国现状的由来。

具体而言，则是：

（1）要发人猛省，牢记人家急跑、我们却原地踏步的教训。

（2）在世界的总环境下理解中国近代救亡图存的历程。

（3）在世界的总环境下理解新中国成立后的得失。

即使在各种"全球史"广泛出版的今天，这套早已停止使用的中学教材仍有自己的特色。它不是一本严格意义上的全球史，而是一本严守本土立场的中国史，是一本用外国史来解释本国近代的诠释史。因此，编者在架构教材章节顺序时，虽然采取了先外后中、以外国史为主（外国史多达全书 2/3 内容）的形式，但却丝毫没有给人留下"崇洋"的感觉。

在编写的框架上，编写者对中国史章节的安排可谓煞费苦心。从反馈的效果来看，还是比较好的，中国史在教材中起到了"眼"的作用。

---

①　孔繁刚回忆，彭禹记录整理，未发表。

在课本的前九章中，外国史占去了绝大部分篇幅，只在第二、第四、第五章中才或多或少地出现了中国史的内容，且只占到该章的一半。但是，这并不会使人觉得畸重畸轻，因为在这三章中每次出现的中国史内容构成了三个中国与世界联系起来的点。

例如，第二章是从"1517年，葡萄牙使臣来到广州"开始。只用了一句话，即点明了这一部分的主题"新航路开辟后的中国"。第一章"西欧资本主义的兴起"却不完全同于一般近代史书上的介绍，是为解释资产阶级革命的到来服务的，更多的是在为明代中期以后的中国作背景。

第六至第九章，出现在第四、第五章中呈现的"康乾盛世"之后。虽然没有一个字提到中国，但是这四章所描述的风起云涌的外国史，却在无形中阐明了中国由盛而衰的危机。作为一种参照，当学生学习到第十章的中国半殖民地历史时，即使教师不进行专门的讲述，用心的学生也不难在前后的联系中发现此时的中国应当追赶的方向。

在二年级的教材中，这种以外国史作为中国史参照的方法，用得更加大胆而娴熟。例如，教材的"第二十九章　第二次世界大战后的世界"共分为九节，只有第一、第八节才是中国史，第一节是"新中国的建立"，而第八节包括了整个"20世纪50年代中期以来的中国"，实际上包含了整个的新中国历史。虽然如此，但读起来却不会让人觉得太轻略了这40年（教材编写的截止时间是1990年）的历史。这两节之间，详细叙述了50年代以后"冷战"的变迁、第三次科技革命的兴起、欧日的复兴、地区的冲突等历史内容。从时间线索上来说，这些都是在"新中国的建立"一节以后发生的事情。因此在教学中，这一章节安排的方式很自然地会引起有心师生的思考——1949年后的中国身处怎样的世界？在新中国成立后的前30年里，新中国避过、错过、抓住了哪些历史潮流？在这套教材正式推出后的90年代，世界依旧波谲云诡。编写组根据教委要求陆续添加了新的内容，置于第二十九章的第九节，称为"20世纪80年代以来世界的变化"。无论编写者基于何种考虑，这一节在相当程度上成为点睛之笔：向学生提出了新的问题：中国身处如此的世界，未来该怎么办？

由于这是第一次在大规模使用的历史教材中采用中外合编的做法，因此编写者在大部分章节的开头都采用了概述的方法来点明宗旨，不同于通常历史教材的概述即作本章内容概括的做法。这套教材的概述特重前后（实际上也是中外）之间的联系。如第二章的概述：

16世纪前期，配备着大炮的西欧殖民者的船舶在中国海上出现了。从这个时候起，到英国爆发资产阶级革命止，在中国是明代的中后期，在日本是室町幕府和德川幕府交替的时期。这一百几十年是西欧资本主义正在兴起的时期，也是中国文明开始失掉领先地位的时期。

又如第三章的概述：

17世纪40年代，正值中国明清易代的时候，英国爆发了资产阶级革命。这是第一次在欧洲大国推翻封建统治、建立资产阶级政权的革命。

正是这些独特的史学视野，使得这套高中教材成为当时上海自编教材中非常抢眼的一颗明珠。截止到上海新的教科书出版，这套"一期课改"教材使用了十多年，并蜚声海内。

2. 层次分明的大字部分

教材首次采用大、小两种字体进行编排。在具体编写时又汲取了中国古代撰写纲目体史书的做法，以大字为纲，小字为目。大字讲求一目了然，便于掌握，使读者可以"知其然"；小字讲究翔实生动，使读者能够进一步"知其所以然"。这种做法在此前国内使用的历史教材中尚不多见。此后，在历史教材中大、小字编排的方法一时流行，时至今日，各地使用的历史教材大多都采取这种编排方式。

在应试教育的背景下，大字属于必学和"必考"的内容，虽然只起提纲挈领的作用，但也不能写得太简略，否则学生头脑里就只有干巴巴的几条结论。这就要求编写者在撰写时要兼顾两方面的考虑，在表现出层次感强、逻辑清晰的同时还要不失生动具体的特点。因此，每个章节的大字部分都采取了同样的叙述结构：背景、过程、结果。写背景时，编者一律按照先外在（客观）、后内在（主观），先动机、后条件的顺序撰写；事件的过程则清楚地指出不同的阶段，且占到该事件总篇幅的一半以上；撰写结果则极为扼要，只有很少的部分用笔超过100字。这一做法降低了对学生阅读能力基础的要求，但却有助于提升他们的历史思维品质。

以教材第一章"西欧资本主义的兴起"中的第二目"新航路的探索和开辟"为例。本目的大字一共分为四段。前三段分别讲述了欧洲商业客观环境的变化、西欧开辟新航路的动机、能够完成新航路的条件。虽然这三段的版面字数①只有720字，但三段之间却是呈递进的逻辑关系，环节非常清楚，教师不需要花额外精力去整合教材、概括大意，学生能很轻松地在阅读中掌握新航路开辟的原因及其联系。

本目的第四段是新航路开辟的过程。教材先清楚地交代了两条新航路的定义，然后具体叙述了这两条新航路开辟的过程，而且人、事配合，达到了思路清晰、层次分明的效果。

这部分的结尾，只用了三十多个字就写清楚了需要学生掌握的新航路开辟的影响："加强了西欧与世界各地区、各民族间的联系，贸易范围空前扩大，世界市场开始形成"。

教材中还有不少可称道的细节。例如，在大部分情况下，每一自然段都只表达一个意思。段落短，学生读起来自然就轻松。少数使用较长段落的地方，全部用"首先""其次"等词语区别段落里的不同意思，同时注意用短句进行概括，避免造成意思含混。在字、词、句的运用上，也尽量平实简易，很少用艰涩的字、词，几乎见不到不合国人阅读习惯的欧式句子。

3. 生动有趣的小字部分

在小字部分的撰写上，则如林丙义所归纳的：

---

① 版面字数：图书出版用语。即总字数＝每行字数（包含标点符号、空格）×每页行数×总页数。此处不足一页，故为总字数＝每行字数（包含标点符号、空格）×行数。

小字体结合有关教学内容，或从微观方面描述历史故事，或补充某些材料以开阔学生视野，或介绍某些历史现象以启迪学生思维。小字体内容不作考查要求，只供教学时选择使用。①

编写者特别注重利用小字塑造人物性格，以具体数字说明问题。如在有重要历史人物出现的段落，往往补充小字解说，学生阅读后更容易理解这位人物在历史进程中的作用。

例如，在写电力工业的诞生时，小字部分这样写道：

爱迪生在实验室和工厂中生活了 60 多年，生平所获发明专利约有 1300 项。留声机、长途电话、电影机都是他发明的。人们称赞他是"发明大王"，是天才。他却解释道："天才就是 2% 的灵感加上 98% 的流汗。"他研制电灯时，每天只睡三四个小时，有时通宵达旦。为了找到合适的灯丝，他先后试用过的材料在 6000 种以上。

又如，在写罗斯福新政时，小字部分这样写道：

富兰克林·罗斯福是一位有远见的资产阶级政治家。他是第 26 任总统西奥多·罗斯福的侄儿。16 岁以前他曾跟着父母 8 次到欧洲旅游，这使他能带着冒险精神和丰富的社会知识进入青年时代。1910 年，他当选为纽约州参议员，后又任海军部助理部长和纽约州州长。经济危机袭来后，他拨款几千万元，举办纽约州的公共工程，实行"以工代赈"，取得相当政绩，获得了民主党和民众的信任。当选总统后，罗斯福依靠一批有志于改革的专家组成智囊团，为政府出谋献策。他常常坐在白宫屋内，用谈家常的口吻，通过广播向全国发表"炉边谈话"。他在就职演说中首先要求全体人民增强克服危机的信心，说："我们没有什么可以恐惧的，唯一可以恐惧的就是恐惧这个词本身。"

或是借小字补充有助于说明问题的具体数字。例如，在写 18 世纪末中美洲的海地以"黑奴占居民中的绝大多数"时，在其下方用小字说明：

18 世纪末，海地人口共 53.6 万人，其中黑奴达 48 万人，白人不过 4 万人，其余为混血人种和"自由"黑人。

这样，既对教材中的描述性语言做了清晰的交代，又避免了应试教育背景下可能出现的繁琐记忆。

又如，在写欧洲在第二次世界大战中损失惨重时，小字部分也有详细叙述：

第二次世界大战使意大利损失了 1/3 的国民财富。德国工业生产比战前减少了 2/3，50 个大城市中有 2/5 的建筑物被毁，柏林遍地弹坑，满目瓦砾。法国有 1/5 房屋、2/3 铁路车辆被毁，国民财富损失了 45%。英国也损失了 1/4 的国民财富，背上了 190 亿美元的外债，1947 年失业工人达 600 万。西欧各国的交通也受到战争的严重破坏，大批农田荒芜，大量牲畜死亡。

综上所述，我们可以从教材的小字中看到编写者一以贯之的历史观。

首先，编写者特别重视人在历史中的地位和作用。因此，在小字部分的衬托下，众多历史人物事迹鲜活，个性鲜明。

---

① 林丙义：《教本·读本·学本——谈沪港初中历史教材改革》，载《世纪》，2002(6)。

其次，编写者厌恶战争，主张和平的态度十分鲜明。每当教材提到战争时，都会在小字部分不厌其烦地罗列出战争中具体的伤亡数字、经济损失。

最后，编写者特别重视变革给一个国家或民族带来的进步。例如，在写克里木战争时，编写者特意用小字指出俄国的海军仍是一支木质帆船舰队，而走入工业时代的英法则已经有了铁甲舰；落后的俄国通过陆路运输给养到前线需要3个月，而英法运输从本土到前线的物资通过近代海运只需要3个星期。这就使得学生更深刻地理解工业革命对19世纪各国所具有的生死存亡的意义。

又如，在写普奥战争时，编写者用同样的方法写道：

在萨多瓦战役中，双方投入的兵力共有50多万人，是欧洲历史上规模空前的战役。普鲁士利用工业发达所造成的优势，用5条铁路运兵，行动迅速；用电报指挥作战，联络方便；步兵用新式的后膛枪，炮兵有刻着来福线的大炮，比奥军用的前膛枪等好得多。

显然，这样的补充，不仅仅说明了普鲁士何以成为统一德意志的主导力量，而且进一步解释了工业发展在近代历史中的决定性作用。

大小字体配合的写法在历史教材的编写中颇为成功。林丙义后来回忆说，教材推出后，颇受欢迎，有人称之为"读本"①。

二、拓天：向"文明史"进发

1997年，上海在全市范围对超过60％的在职历史教师进行了一次问卷调查②。调查的目的是要了解中学历史教师对现行历史教科书的看法。结果颇有些让人意外。编写组最费心力，也曾颇受好评的高一历史教材成为全部现行教科书中受一线教师评价最低的一本，满意率只有50.9％。具体来说，教师们对教材最满意的方面是思想性，但认为教材在适应时代潮流、培养未来人才方面很显不足。

从此考量，作为"读本"，长于史学的"一期课改"教材或许使不甘于停滞的教师们感到不足，而调查的结果也显示出对新教材的编写"要集中地体现符合时代潮流的历史观"③。

上海师范大学苏智良教授主编的新教材就是在这样一个背景下问世的。而其中最引人注意的，与"一期课改"时一样，也是高一教材。

高一教材在2003年暑假后在部分试点学校投入使用。教材一推出，便引起一片哗然。一般教师都虽已对新教材"改弦更张"有了心理准备，但对变动幅度之大仍感到很出乎意料。

这套新教材完全打破一般教师所熟悉的通史体例，教材从文明的定义开始，再将衣食住行等最基本物质生活元素娓娓道来，而后介绍人类文明发展过程中的

---

① 林丙义：《教本·读本·学本——谈沪港初中历史教材改革》，载《世纪》，2002(6)。
② 上海市中学历史教育现状调查组：《上海市现行中学历史教材调查》，载《历史教学问题》，2000(4)。
③ 上海市中学历史教育现状调查组：《上海市现行中学历史教材调查》，载《历史教学问题》，2000(4)。

各种活动。具体目录见下表：

序号 / 课题	第一分册	序号 / 课题	第二分册
1	金属工具	1	农业时代
2	文字	2	工业时代
3	国家	3	信息时代
4	大河文明	4	高等教育
5	海洋文明	5	博物馆与图书馆
6	草原文明	6	区域探险
7	婚姻与家族	7	全球探险
8	种族与人口	8	宇宙探险
9	等级与阶级	9	军事技术
10	服饰	10	战略与战术
11	饮食	11	战争规则
12	居住	12	民族国家
13	交通	13	三权分立
14	节日	14	公民社会
15	人生礼仪	15	市场经济
16	社会交往	16	国际经济关系
17	法律的起源	17	国际法
18	法系	18	国际组织
19	审判制度	19	战后国际格局
20	文学	20	人权
21	史学	21	社会保障
22	哲学	22	社会主义的理想与实践
23	艺术	23	瘟疫
24	宗教起源	24	毒品
25	宗教传播	25	邪教
26	宗教特征	26	黑社会

正像恩格斯《在马克思墓前的讲话》中所说："人们首先必须吃、喝、住、穿，然后才能从事政治、科学、艺术、宗教等等；所以，直接的物质的生活资料的生产，从而一个民族或一个时代的一定的经济发展阶段，便构成基础，人们的国家设施、法的观点、艺术以至宗教观念，就是从这个基础上发展起来的，因而，也

必须由这个基础来解释，而不是像过去那样做得相反。"①正是基于这样的观点，新教材将史学的观察视野下移，彻底地抛弃了以政治史为单一维度的历史叙事模式，力求多角度和全方位地向学生展示人类在历史长河中求生存、求发展的文明历程。

从学科体系上来说，这个体系结构距离当时一般中学历史教师的知识体系是有相当大的距离的。教材的设计框架有些部分显然取材于布罗代尔的《15—18世纪：从物质文明到资本主义》，关于文明定义部分则属于文化人类学的范畴。无论是布罗代尔的著作还是文化人类学，都不为一般历史系学生所熟悉。新教材对教师的备课提出了很高的要求。

针对这一新课改新教材的形势，市教研室组织了多次全市规模的历史教师公开课、集体教研课。一批青年教师以此为契机在全市历史教学界登台亮相，承担起了教学改革排头军的任务。邹玉峰、姚军、姚虹、彭禹等新生代教师多次承担历史课公开教学。教学界的前辈在此过程中则当仁不让，肩负起了指导工作，甚至亲自上阵冲锋在前。2004年，华东师范大学第二附属中学在历史特级教师周靖先生的带领下对教材进行了校本化②；晋元高级中学历史特级教师李惠军先生则更在2004年到2006年多次进行不同范围的公开教学③。

在历史教材的推广过程中，广大历史教师对文明史逐渐有所认识，怎样从文明史的发展历程（人类求生存、求发展的过程）这一角度来重新审视我们过去所熟知的历史成了普遍关注的问题。到教材停止使用时，"言必称文明"已经成为一时的风气。

三、回天：在通史与文明史之间

2007年9月，新版教科书的高中部分停止使用。由华东师范大学余伟民教授主编的通史体例教材进入了上海高中历史教师的视野。这一版教科书共分六册，除高三部分外，其余都是按时间线索与先外后中的顺序编写，恢复了通史体例。对这一版教材，有人评价道：

华东师大版高中历史教材……在传统教学内容的框架上寻求突破，突出历史证据意识和逻辑意识的培养，尤以中国古代史部分的编撰最为典型。开首第一单元三课课文蕴含"从考古材料和神话中认识远古和传说时代""从考古材料和后世文献中认识夏朝""从考古材料、后世和当世文献中认识商朝"的史学思想方法，是这次中学历史课程教材改革教材编撰领域的重大突破。④

---

① 《马克思恩格斯选集》第3卷，第2版，776页，北京，人民出版社，1995。

② 陈明华、周靖：《华东师大二附中历史学科课程校本化初探——高一历史新教材教学的探索与实践》，载《历史教学问题》，2004(5)。

③ 公开发表的有：《掘井及泉 下自成蹊——高中新教材(上海)文明创新与传承中的"三次浪潮"》，载《历史教学问题》，2004(1)；《寄至味于淡逸 寓哲思于隽永——高一历史(第二学期，上海)第8课"宇宙探险"的设计、实施与反思》，载《历史教学问题》，2004(5)；《"战后两极争霸"一课的教学及联想》，载《历史教学·高校版》，2005(5)。

④ 於以传：《顾后·瞻前——上海市中学历史学科十年课改的回顾与展望》，载《历史教学问题》，2010(6)。

1985 年以来教材的三次变化，教师的史学视野与几代学生的"常识"都发生了变化。随着沈起炜主编教材的使用，通过中外历史联系比较，在世界视野下认识中国逐渐成为一种常识，生产力推动生产关系变化的观念逐渐取代了过去的阶级斗争观念；随着苏智良主编教材的使用，"文明"成为一种常识，衣食住行皆可入史，本来藏于高阁仅供少数学者参考的年鉴学派史著成了不少中学历史教师的案头必备用书；随着余伟民主编教科书的使用，"两重证据法"成为常识，普通的高中学生也因此知道了传说、文献、实物各自的证据边界。

近几年，面向公众的史学已经进入大众的视野，成为诸多历史学者热衷的话题，复旦大学甚至为此成立了"公共史学中心"。而在所有面向公众的史学中，最具有影响力的，依然是基础教育历史课程。正是这一版又一版不断变化的历史教科书与一位又一位不断探索的历史教师在课堂中塑造着未来公民的"常识"。在过去的十年里，因教科书的变化，使历史课堂所获得的"常识"得到了前所未有的丰富，而未来的新版教科书又会带来哪些新的变化，确实令人拭目以待。

从课堂实践的角度来说，教材的更迭产生了意外的效果，在一些教师中产生了将教材"虚无化"的倾向。教材权威性的下降对于推进教学改革未尝不是一件好事。教材在更迭中走下了神坛，成为课程资源的一个部分，对教材的开发、利用、重整日渐成为一种常识。而这又将会给上海的历史教学带来哪些新的变化，同样令人拭目以待。

第三章　曾经沧海：上海历史考试漫谈

一、海源：海派考试缘起谈

1984 年，朱志明等上海教育学院与华东师范大学的五位教师，根据当年上海高考的阅卷情况撰写了《1984 年全国高考上海市历史试卷情况调查报告》[①]。当时撰写这份报告时，上海高考独立命题考试一事还没有纳入全国教育改革的议事日程。但是，如果将它与后来上海于 1985 年开始独立命制高考试题联系起来看，可以说这篇报告在无意中拉开了命题领域走向"海派"风格的序幕，而"海派"的命题即将给上海的历史教学营造更灵活的改革空间，上海基础教育界的历史课堂也将在此之后发生更多的变化。

在这份报告中，撰写者除了对在阅卷中发现的问题进行了分析总结外，也对当时的全国卷试题的命制提出了批评。归结起来，大概有以下三点。

1. 年代考查太多。必需的记忆在历史学习中固然不可缺少，但是繁琐的记忆只会引起学生对历史学习的反感。

2. 部分考查内容过偏。如 1984 年历史试卷中的填空题，要求学生填写帮助彝族农民领袖李文学起义的太平军战士王泰阶的名字以及 16 世纪奴隶贩子活动的地点塞内加尔河口。

3. 一些题型的具体表现过死。虽然有题型长期固定的原因，也有将相对灵活的识图题答案限死在课本上的几句话里的现象。

报告中又提出了几项具体的建议：

1. 识图题可以命制得更加灵活。比如，让学生根据画面写一段文字，或者就图中所提供的历史地点，写出若干个历史事件。

2. 以检查学生的概括能力为目标的试题，可以给学生一段材料，由学生临场概括，以免除知识点的记忆背诵之苦。

3. 问答题的答案应该从照搬课本条文的状况中走出来，增加一定的灵活性，以避免问答题变成比填充题更加艰苦的死记硬背。

4. 历史考试应当抓住主干知识，避免把师生逼到只关注琐碎细节而忽略已经考过的主干知识的地步。

5. 题型上应该增加变化，可以引入逻辑性比较强的排列题、参考外国考试经验的短文题等。

当时间推移到 21 世纪时，"海派"命题已经在全国声名大噪，一度成为各地考试命题竞相模仿的对象。当我们回首往事，后来"海派"命题所贯彻的那些原

---

① 朱志明、庄韵勤、聂幼犁等：《1984 年全国高考上海市历史试卷情况调查报告》，载《历史教学问题》，1984(6)。

则，在 1984 年的这份报告中或已出现，或已现端倪。在某种程度上，这份报告即是为上海历史教学"松绑"的呼吁；其所建议的内容，也折射出 1984 年、1985 年上海历史教学界在注重培养学生智能①方面所形成的一些共识。而此后的 20 年间，则是陆满堂、聂幼犁等人践行理想，把理想化作现实的过程。

1985 年对于上海教育界来说是个极为重要的年份。这一年，上海争取到了教育部批准的高考独立命题权②。此后，上海得以长期作为教育改革的前沿阵地，相比于其他省市，有了更多的发展和探索的空间。

1985 年，上海走出了独立考试命题的第一步。这一年的历史高考命题，一开始就出手不凡。正如报告中所主张的那样，试题以考查主干知识为特征，大大降低了对学生烦琐记忆的要求，而且还淘汰了在考生的反馈中"恶名昭彰"的名词解释题型。在此后的二十多年里，曾经在改革开放初期的高考中令万千考生望而生畏的"名词解释"再也没有出现在上海的历史高考试卷中。

这一年还增加了两种从未有过的新题型：

一是按照不同逻辑要求对历史概念进行排序。这一年的高考题命制了三道排列题，考查了两种不同的技能：一是对历史重要知识按时间先后排序；二是对 19 世纪中期至 20 世纪中期的德、英、美、法按其工业产量的多少进行排序。

二是引入了"引文解说题"③。这种新题型设问灵活，考生既不需要采用固定答题套路的方式，书写量不大，记忆要求也不高；同时又能够甄别考生对历史知识在新情境中的运用水平。而且这一年的高考命题，已经开始呈现出后来"海派"命题小巧轻灵的风格特征。

到 1990 年，上海的历史高考命题已经呈现出了与全国统考试卷相当不同的风格。试题类型灵活多变，对考生的要求重理解多于记忆。尤其值得注意的是，上海的高考命题者有一种特别强烈的为考生服务的意识和明确考查目标的目标意识。在命题中处处搭设阶梯，着力消除歧义。

1988 年 6 月，上海教育考试中心历史命题组经集体讨论后，由聂幼犁执笔，发表了《贯彻"两个有利"，促进教学改革——谈 1988 年高考（上海）历史命题意图和特点》④，这篇文章对上海历史高考命题中发生的一些变化作了说明：

填充题作了答题栏同试题栏分开的处理，这主要是避免原形式空格线长短不一有暗示作用的问题，并有利于答题和阅卷；列举题答题部分加了标号和横线，既有使部分试题提高难度的考虑，又有便于答题和阅卷的意图；排列题作了向选择题过渡的处理；选择题则推出了第（二）类（归纳推理多项选择题）；问答题的第 3 题提出了字数限制的要求，用意在于考查归纳和表述能力，转变那种"拾到篮里

---

① 李稚勇：《上海历史教育研究四十年》，载《历史教学问题》，1990（2）。作者认为，在 1984 年至 1985 年间，对智能教育的研究，在上海历史教学界达到高潮。

② 上海获得高考独立命题权的因缘可见曹景行《吕型伟口述上海争取高考自主权》，曹景行主编：《亲历——上海改革开放 30 年》，上海，上海辞书出版社，2008。

③ 例如其中的第 2 题："几无可以御敌之兵""无可以充饷之银"，是谁的上书之言？针对什么问题？

④ 聂幼犁：《贯彻"两个有利"，促进教学改革——谈 1988 年高考（上海）历史命题意图和特点》，载《历史教学问题》，1988（6）。

就是菜"的不良倾向,从"丢破烂"变为"丢篮球"。

......

在大题的难度排列上先易后难。为避免"翘头""拖尾""塌腰"、驼峰"等情况,不拘泥于以前那种比较固定的排列程式。在小题的难度排列上则从内容着眼,尽可能先易后难。由此,使整个难度排列曲线呈阶梯形上升的趋势,而在各类题型中略有锯齿形波动,这样,既保持了历史学科的特点,又有较理想的坡度;既使考生能逐步进入最佳应试状态,又不至于太顺当而疏忽大意,掉以轻心,使考生在整个考试过程中在心理情绪上张弛互补。

实际上,如果查阅当时的历史试卷,为考生着想的地方还不止于此。比如,1988年的试题中排列题的第1题,要求考生按东南西北的方位顺序排列四个古代都城。为了防止考生出现清楚四个都城的相对方位,但是没有看清试题要求而以其他顺序表达,命题组特地在东南西北四字下加了着重号。这一命题风格在上海历史高考命题中一直坚持了15年,但凡试卷中出现特殊要求的,或是容易被考生忽略的信息,均以使用着重号或者黑体加粗的方式予以突出显示。考虑到高考作为"指挥棒"的特殊作用,这一举措比其他任何措施都能引起上海中学历史教师对学生认知心理的关注。因此,在当时可能的范围内,使历史教师更敢于放开手脚,以聚焦于历史的本体性知识的教学,而不必花费大量时间在诸如审题、答题技巧等纯粹的应试训练上。

1985年开始独立命题的上海历史高考,并没有因为其自身天然拥有的"指挥棒"的地位而变得唯我独尊,或是摆出一副居高临下指导乃至指摘中学历史教学的架势,而是与中学历史教学界互相借鉴、互相推动,形成一种良性的互动。这种良性互动的建立,与当时从事历史命题的诸多前辈的努力是分不开的。

上海历史高考第一任命题组长是敬业中学的历史老师包启昌先生。他是新中国成立前教育界的老前辈,20世纪50年代上海市第一批优秀教师,获得陈毅市长亲自签署的奖状和奖章。到70年代末,他又是上海第一批特级教师中唯一的一名历史特级教师,与北京的时宗本老师被历史教学界称为"北时南包"。后来因为工作繁忙,无暇兼顾高考命题,就改由华东师范大学的陆满堂老师继任,同时参与命题的主要人员还有90年代以后担任命题组长的聂幼犁。包启昌自不用说,陆满堂和聂幼犁虽然是大学老师,但也是上海中学历史教学界的老朋友。1985年以前,他们就广泛地在中学听课,有些听课所得即转化成了高考试题。反之,命题者在试题中引导的一些方向和思路,也启发了中学的历史教学。

在这个过程中,当然也少不了争执。据陆满堂回忆,这种争执是从命题组"吵"到高考评价会。在命题组里,聂幼犁较为年轻,改革的欲望也更为迫切,"点子"很多,陆满堂、包启昌等老先生较为稳重一些。因此,命题时往往有争议,甚至"吵"得不可开交。但是,试题就在这种"争吵"中不断地提高质量,而且也越来越有更多的新意。当然,到高考评价会(应试方)这一阶段,会有不少教师针对试题存在的问题,或是命题者在某些思路上走得过快提出批评,甚至批评得相当激烈。经过争吵和批评,以及命题组与应试方相互吸取不同的建议,关系反而变得更加融洽,也更有利于提高命题的质量。

需要特别注意的是，如前文所述，命题组处处为教师设想、为考生设想的良苦用心随处可见，这也不能不说是当时上海高考命题较容易得到历史教师谅解和接受的一个原因。

自 1985 年开始的几年中，上海的高考质量逐年上升，形成了"一年一小变，三年一大变"的格局，而且逐渐走向灵活生动、鼓励学生思维创新的"海派"格局。在高考的引导下，历史教师不断地从高考试题中汲取拓展教学思路的新元素，使历史教学的质量得到了极大地提升，并逐渐形成了一套比较流行的和比较规范化的课堂应试教学法。这一教学法大致由以下三个环节构成：

1. 组织学生阅读课文，并在教师的指导下在课文的文句或段落上做出标记，视情况穿插讲解。

2. 以阅读为基础，整理出简明扼要的纲要信号式的板书。

以上两个环节也可合并。

3. 按照时间作纵向线索梳理，或是按照空间作横向知识比较。也可以视情况与前两个环节穿插进行。①

这三个环节差不多成为每个高三教学的通规。可以说，这是对 20 世纪 80 年代出现的各种教学方法融会贯通的结果：吸取了"读""讲""练"的环节设计、纲要信号式板书的研究成果，以及在 20 世纪 80 年代后期开始流行的纵向和横向比较法。经过此后十年的实践证明，这套方法在培养学生基本智力和能力方面行之有效，也保障了学生在考试成绩方面可以安然无虞。

从某种程度来说，恢复高考以后的时代，是一个教育摆脱了行政指令、再度走向市场化的时代。上海平稳、灵活的高考，使得广大中学历史教师在应试教育中可以斗智而不斗力，即相对淡化"盯""关""跟"的作用，而主要注重这三个环节的处理。如此这样，在教学市场化的时代，既保障了学生的考试成绩，也使历史教师得到了思想与实践的自由。

"海派"历史教学的本质特征在于对不同教学个性的包容。然而基础教育的常识是：任何一种教学风格如果在重要考试中遭到挫败，那就不可能生存下去，甚至连探索、尝试的资格也不会有。但从事实上看，到 20 世纪 90 年代末，上海的历史教学不但没有出现在高考指挥棒下"趋同"的迹象，而且呈现出梅兰竹菊满园香的百花齐放的盛景。这当中，上海高考命题组功不可没。他们所锻造出的这根"指挥棒"，拥有一种不可思议的"魔力"：不同风格下受教的学生，都足以施展自己的所学所长。换言之，20 世纪 90 年代的上海高考越来越呈现出这样一种面貌：它不鼓励任何一种特殊的教学风格，也不会让任何一种教学主张受到惩罚。它所遵循和服从的，只有证据和逻辑；它所反对的，也只有死记硬背而已。因此，任何的教学风格，不管它在教学中侧重于哪些问题，不管教师对一些具体史实作怎样的解释，只要符合证据与逻辑，学生就不会因为教师的个性而在考试中

---

① 这一教学法未见论文总结或公开发表，是我对上海部分 50 岁以上教师的采访中总结所得。在此鸣谢复旦大学附属中学的华国清、陈雁秋，同济大学第一附属中学的刘丹鲁，原普陀区教研员董祖颖等前辈。

"吃亏"。

二、海景：海派考试之特点谈

上海的高考命题风格通常被概括为"大跨度、小切口、轻灵多变"。对此，20世纪90年代上海高考命题的主要主持者聂幼犁先生曾经作过比较详细的解说：

在高考目标中，"知识点"逐年减少，至今(2005年)已经比《教学大纲》压缩了近一半；命题时，又尽可能将"题眼"放在目录、大事年表(基本知识)和每一章开篇的概述(基本脉络)这些教、学、考等方面都能看得见和取得共识的"知识点"上，这对减轻学生记忆负担、解放思想起到了很大的作用。另外，所有的考查目标(包括史实、观点和方法，特别是观点和方法)都突出了学以致用的特征，新材料、新情境、新问题率达到了百分之九十以上，其中又有一半以上必须运用应当掌握的技能、观点和方法来解题，而与教科书中具体的史实知识关系不大，有的几乎没有关系。这就是所谓"海派"风格的基本点。

当然，这样的风格的形成当然并非一日之功，"背多分"也不是一次考试就能打倒的。它是上海的几代命题者流下了许多不为人知的汗水，经历了许多从不讳言的失败与挫折，以十余年之力，朝着既定的方向矢志不移地进行着努力而形成的，并且目标更加清晰，实现的手段也更加明朗。

1990年，上海高考历史卷中出现了这样的一道试题：

根据下列论述，联系有关中外史实，谈谈你对爱国主义的看法。(20分)

有日本侵略者和希特勒的"爱国主义"，有我们的爱国主义。对于日本侵略者和希特勒的所谓"爱国主义"，共产党员是必须坚决地反对的。日本共产党人和德国共产党人都是他们国家的战争的失败主义者。……我们的口号是为保护祖国反对侵略者而战。对于我们，失败主义是罪恶，争取抗日胜利是责无旁贷的。

毛泽东《中国共产党在民族战争中的地位》(1938年10月)

这是一道新形式的"材料分析论证题"，首次出现在上海的高考试卷中，分值高达20分，后来"小论文"的影子隐然可见。虽然此前的高考试卷中也有过20分左右的大型论述题，但设问方式却是全然不同。全国卷中也曾出现过这种题型，但却没有赋予这么大的分值。可以说，这一年的上海高考命题组是在进行一次大胆的"冒险"尝试。

这道试题选取了一则教材中没有的材料，利用"爱国主义"这个学生非常耳熟能详的概念创设问题情境，设计了一个较为"含混"的问题："谈谈……你的看法"。材料与设问中的"联系中外史实"共同构成了考生思考的阶梯和提示。命题组后来在解释这道试题的命题意图时，目的是要让学生将"所学知识重新组合才能解决新问题"和"新的问题情境"结合起来，并且进一步具体提出了六条指导原则，其中特别值得注意的是第5、第6两条，分别是"全面平衡试卷布局"和"力求评分客观公允"。所谓"全面平衡试卷布局"指的是试题的设计不能局限于一个特定的国家、一个特定的历史时期，必须有一定的跨度。后来"大跨度"被看作是"海派"教学的一个重要特征，其起点应该是为命制这道试题而产生的原则。

尽管命题组有良好的设计初衷，而且为了命题的成功，也做了严谨细致的准备，但是这道试题在当年仍然惨遭"滑铁卢"。这道高达 20 分的试题得分率在当时仅为 0.37，市重点学校和一般学校学生的平均分只有 1.2 分的距离①。

1991 年，命题组再次以一道恩格斯论经济基础与上层建筑关系的试题进行尝试。结果与 1990 年一样，再次惨遭失败！

对这两年高考题命制的失败，在 1991 年南京全国历史教学年会上，聂幼犁代表上海命题组坦陈命题失败，并向全国历史教学界讨教办法。这种坦诚的态度是基于他对高考的一贯看法：高考在事实上是教学的"指挥棒"，但命题者应自居为教学的"仆人"。他在后来反思这一失败时曾经谈道："一方面与阅卷有关，更重要的是教改还没有达到这份上。"②这当然不是在推诿过责，而是对高考必须服从教学这一现实的清醒认识。正是基于这一认识，在 1992—1994 年三年中，命题组不断地坚持改革的思路，同时又不断地向现实妥协，最终找到了既符合命题意图又符合教学现状的命题形式，即吸收了英国结构化材料分析题的优点，又进行了本土化改良的材料分析论证题。

1995 年，上海命题组推出了"简释题"这一新题型。1996 年的命题思路解说中，对这一题型进行了设计意图的详细解说。这一新型试题：

容纳了多种具有史学意义的形式，诸如改错、列举、对联、诗歌、图表、解词、释图等，实际效果是打破了题型界限……试题运用了新材料、创设了新情境、提出了新问题，使它源于教材又高于教材，因而能够自如地把握"测试什么"和"测量对什么有效"的问题，这就提高了试题的效度。试题的答案简单明了，有较强的客观性，因而减少了阅卷评分的误差，这就提高了试题的信度。

如 1999 年第 34 题：

马克思在《共产党宣言》中说：资产阶级"迫使一切民族——如果它们不想灭亡的话——采用资产阶级的生产方式"。请列举 4 个发生在 19 世纪 60 至 70 年代涉及这个内容的中、外重大历史事件。(4 分)

这道试题的考查目标可以分解为三项：(1)对知识的识记再现；(2)对材料有效信息的甄别提取；(3)在限定观点下重新组织知识。在简释题出现以前，目标(1)通常是由选择、填空或者列举题来完成考查的。由于难度太低而丧失了作为选拔性试题中使用的价值。但如果结合目标(2)(3)，则能提高试题的难度。二者综合，就使得命题者获得了在逐步降低试题记忆要求的同时，又不会使整体难度和选拔目标受到损害。由此，高考完成了从知识立意向能力立意的转向。

自 1998 年起，填空题即从上海高考历史卷中消失。选择题、简释题、材料分析论证题构成的三级阶梯式命题成了上海高考历史卷的基本形式。聂幼犁先生称之为从"跳高"比赛向"跳远"比赛的转变③。

高考命题形式的转变为教师的教学提供了良好而宽松的环境。如果高考考查

---

① 聂幼犁：《考查正确而灵活地运用历史知识、观点和方法的能力——1990 年高考上海历史卷分析论述题的命题意图及考情分析》，载《历史教学问题》，1991(1)。

② 聂幼犁：《功德无量的事业——中学历史教育著名学者聂幼犁教授访谈录》，载《历史教学》，2006(6)。

③ 聂幼犁：《功德无量的事业——中学历史教育著名学者聂幼犁教授访谈录》，载《历史教学》，2006(6)。

的知识范围仅仅为课本的主干知识，那么教师就可以只用很少部分的精力来完成督促学生识记知识的工作，可以将更多的精力用于关注学生能力的培养。因为高考试卷中只有少于 30％ 的试题用于考查识记，那么"背多分"在课堂就不会有市场。大致上，提高学生的识记水平是有"最佳方案"或者"最优路径"的，但在培养学生的能力方面则是没有的。无论教师采取什么样的风格教学，只要是有利于学生能力的提高，就不会因为忽略了教材上的某些枝节，或是提出了与教材不同的观点而在考试中受到"惩罚"。

这正是 20 世纪 90 年代"海派"历史教学形成的最佳保障。

进入 21 世纪，考试命题改革的步伐随着课程改革的整体推进而变得更大，新题型不断涌现。

2001 年，上海高考以要求考生写"一封公开信"的形式引入了历史小论文，与 1990 年的大型论述题引起的反应不同，这次广大师生很快接受了这一新的题型。

2002 年，上海高考历史卷中引入了多元理解题：

学术界一般认为，日本"明治维新"是一次资产阶级性质的改革。但是在最近一次国际学术研讨会上，有些学者主张："明治维新"应理解为一次"明治革命"；而另一些学者则提出"明治中兴"的解释。

问题：

(1)你认为其中哪一种观点更合理？为什么？

(2)请说明另外两种观点的可理解之处。

虽然还没有到让考生畅所欲言的程度，但是却借考查考生从史实到结论的逻辑一致性，打破了教材对历史解释的垄断，赋予了师生在课堂上从不同角度解释、评价史实的"合法权"。因此，这一年的高考获得的评价极高，被历史教师评为"为研究性学习鸣锣开道"[1]。

2003 年、2004 年则加强了历史材料的引入与学生思维能力的考查。这两年的试卷几乎每一题都有材料，都需要学生思考，但记忆难度则相应下降到前所未有的程度，"题眼"全部集中于教材的目录、大事年表和章节前的引言部分。从命题的技巧而言，选择题部分"示例""换例""特例""双语""具象""逻辑"等手法交替使用；非选择题部分，多元理解、小论文等几年创新的成功题型全面展开。可以说，这是上海高考历史卷自主命题 20 年来的巅峰之作。

2007 年、2009 年，高考又先后引入了 SOLO 评分法与 PISA 评分法，在对学生思维品质的评价方式上做出了新的探索。

回望上海独立命题近三十年的历程，可谓披荆斩棘。以小论文的推出为例，从 1984 年最初提出引入历史短文的想法，到 1990 年的首次尝试，再到 2001 年的正式使用，中间过去了足足 17 个年头。而从理想到实践，从挫败到成功，改革总是需要先迈出一步，再退回两步，最终在时间的熬炼中走向成功。而近十年的命题改革也同样是一个不断试探、调整、再试探的过程。

---

①　施洪昌：《锐意创新，为研究性学习鸣锣开道——2002 年历史高考(上海卷)考试手册、试卷的变化与中学历史教学》，载《历史教学问题》，2002(5)。

人物编

　　2000年时，华东师范大学杨向阳先生曾经主编过一本《中学历史名师思想录》，收录了自包启昌、孔繁刚等对上海20世纪八九十年代历史教学有较大影响的10位教师的教学思想与教学实录。从彼时至此时，时间又过去了10年，上海的历史教学界也已发生了世代的更替。活跃在上海历史教坛中的特级教师已经从包启昌、朱正谊一代走到了凤光宇、周靖这一代；而以汪德武、周飞、朱志浩为代表的新一代教师已经诞生。孔繁刚、钱君端、李惠军虽然是20世纪90年代成名，有的已经退休，但他们在历史教坛的影响依然很大。

　　除了已获历史特级教师称号的教师，还有许多没有获得这一称号，但是在学识、影响力上都不亚于他们的教师。他们与特级教师共同构成了上海历史教学发展的核心。

　　在他们的周围，更有许多的青年一代教师紧随其后。青年教师以前辈为楷模，见贤而思齐，仰高山而不愿止。他们对教育充满好奇，也在上下而求索，是上海历史教学发展的未来。

　　本编共选取了钱君端、凤光宇、朱志浩三位教师，刚好形成特级教师的三代：钱君端先生是包启昌先生的入室弟子，在20世纪90年代被评为历史特级教师，进入21世纪退休后，依然活跃于对青年教师的带教培养上。凤光宇先生2002年被评为历史特级教师，是现今上海历史教坛的"梁柱"之一。朱志浩先生是凤光宇"名师培养基地"的成员，2011年被评为历史特级教师，是下一代历史教师的领军者之一。这里以访谈录的形式展现他们既有传承，也有个性的历史教学思想，对后起之辈，必定有所启发。

　　与三位教师同时活跃在上海教坛的，还有孔繁刚(已退休)、周靖(华东师范大学第二附属中学)、李惠军(上海市晋元高级中学)、严林祥(上海市南汇中学)、樊汉斌(上海师范大学第二附属中学)、周飞(上海市晋元高级中学)、汪德武(建平中学)等历史特级教师。因种种缘故，对他们的采访未能全部完成，或是未置于本篇。无论对本书编者还是读者，都是莫大的损失与遗憾。好在他们都各有著述文章，读者尽可在直接阅读中感受他们的风采。

第一章　钱君端：历史教学

——我终身热爱的事业①

初见钱君端老师是在 2006 年，当时她是上海敬业中学副校长。当我走出电梯时，见到一位面容慈祥的老太太正在楼道里扫地，便上前询问钱君端老师办公室的所在。没想到，这位被我当作了清洁工的长者正是钱老师本人。钱君端老师从事教育逾四十年，从未离开过教学一线，即使退休后也仍着力于青年教师的培养，她不仅以学识培育学生与弟子，更以人格的力量感染熏陶之。或许，从这篇访谈中，读者可稍见钱老师的长者之风。

一、时代与选择

问：钱老师，今天，我们想请您谈谈您的教学思想、教学经验和几十年来追求专业发展的不竭动力。

钱：近年来，常常听到一些青年教师抱怨："历史专业不是自己选择的结果。"我想，一个人只有真心喜欢自己的专业，不是单纯将它作为一种谋生的职业，而是把它作为自己终身追求的事业，才会产生奋发进取的激情。

问：您当初为什么选择历史教师这个职业？

答：家庭的影响和求知的愿望使我选择了这一职业。1972 年，我在大丰农场务农，正逢五校合并的上海师范大学来招生。报志愿时，我毫不犹豫地填写了历史系。选择历史专业首先是受家庭的影响。我出生的那一年，哥哥已经是南京大学历史系的学生，家中留下了许多他从各地书市搜集来的历史书籍。毕业于 20 世纪 20 年代教会女校中的母亲，特别会讲历史故事，即便是枯燥的天干地支知识，她也会编出一个个幽默的小故事，让我终身难忘。家庭的耳濡目染，使我对历史也有了一定兴趣。"文化大革命"期间，除了毛主席语录和《毛泽东选集》，几乎看不到其他书籍，我连《毛泽东选集》的注解都读了，仍有一种知识饥渴的感觉。有一次，我偶然地从农场军代表那里看到一本曾对青年毛泽东产生过重大影响的书——赫胥黎所著的《进化论和伦理学》，就如饥似渴地"啃"了起来，书中讲的道理我闻所未闻，书中涉及的政治、历史名词有的似懂非懂，有的如坠云雾中。这时候能遇到读书释疑的机会，哪肯轻易放过？

问：当了历史教师以后，您曾经对自己的选择后悔过吗？

答：当了若干年的中学历史教师后，因教师的社会地位、历史学科在中学的地位、工作中的挫折等种种原因，也曾迷茫过。但生活的实践和理性的思考使我越来越爱上历史教学。

---

① 本篇访谈录由上海市格致中学陶世华老师、上海市光明中学段丽珍老师、上海交通大学附属中学彭禹老师整理。

对"文化大革命"的深刻反思，使我意识到传承历史的重要性。在"文化大革命"中，作为中学生的我们，曾做过许多令人痛惜的事，除大环境外，缺乏历史知识也是原因之一。记得"文化大革命"前夕，有一位教师写了一篇《也谈"苛政猛于虎"》的文章，他在文中说"天下乌鸦一般黑，山上难道没有苛政吗？"当时我们都很佩服他。"文化大革命"中，那个讲授"苛政猛于虎"道理的语文先生当然受到了指责。可是，我们并不知道春秋时代，人口稀少，无人管辖的荒地比比皆是。我们这些唱着歌剧《江姐》《洪湖赤卫队》插曲长大的中学生，对南京国民政府恨之入骨。听说某教师参加过复兴社，还辩解说他是抗日的，马上掀起一阵"口诛笔伐"，却不知道对不同时期的历史要做具体分析。那年头，"红卫兵"大破"四旧"，把许多历史遗迹都毁掉了，其后果的严重性堪与西班牙人烧毁玛雅文字、塔利班炮轰巴米扬大佛相比。虽然我因为出身非无产阶级家庭，无缘参加"红卫兵"，否则也有可能加入其中。痛定思痛，为了避免历史重演，历史教师有责任把正确的历史知识和历史思维方式教给青少年一代。

改革开放后，特别是随着课程教材改革的推进，用历史的眼光审视历史教学，更坚定了我做历史教师的信念。教育的内容，从来就有教学生学"做人"和教学生学"做事"两大块。历史学科的功能主要是教学生学"做人"。在人类历史发展的长河中，其地位存在大起大落的现象。人类社会早期，生产技术简单，历代统治者对历史学科情有独钟。工业革命爆发后，随着科学与技术的发展，教学生"做事"的内容越来越占据重要地位。尤其是当我们的国家急于摆脱落后面貌时，历史学科地位边缘化似乎已成定局。到了信息时代，科学技术作为一把"双刃剑"的特征越来越显现，社会因此出现的一部分人道德滑坡、规范失衡、人心不古的现象让有识之士担忧。如何纠正工业时代的偏差，教学生学会"做事"，就必须先教学生学会"做人"。因此，推进以德育为核心的素质教育就成为课程教材改革的重中之重。在上海市提出的"两纲"教育中，历史教学大有可为。面对时代重任，作为历史教师，我不免有一种使命感。

这几十年中，随着教师社会地位、物质待遇的大幅提高，我的工作也取得了一定成绩，更觉得做历史教师挺适合我的。年近"耳顺"，我可以欣慰地说，教历史是我终身热爱的事业。也希望各位年轻的历史教师相信这是一个可以大有作为的领域，真心热爱历史教学，主动争取自己的专业发展。

二、风格的凝练

问：包启昌先生是上海的著名历史特级教师，又和您在同一所学校，请问他对您教学风格的形成有什么影响？

钱：我的老校长包启昌是上海第一位历史特级教师，他的教学思想对我影响很大。我理解他所力主的"一堂课一个中心"的教学原则，是一种源于实践又高于实践的教学智慧结晶。包先生对每一堂历史课"中心"的确立，是基于对教材的整体把握，以及对历史学科教学中贯彻历史唯物主义观点的整体思考。他把历史唯物主义基本观点分解成若干小概念，在每一节历史课中，作为课时中心加以落实。20世纪90年代，我按照这个原则，处理并执教了第一次世界大战前夕的《帝国主义之间的矛盾》一课，获得了全国历史课堂教学评比一等奖，评委夸奖道：有点儿老包的味道。

在新课程背景下，我扬弃其中片面强调让学生接受"概念"的缺陷，结合自己的实践，对"一堂课一个中心"的教学原则做了新的思考和诠释。第一，这个原则符合现代方法论——"系统论"思想。新课程要求历史教学落实三维目标，比传统历史教学的目标宽泛得多，要求也高得多。只有把历史教学的总体任务，分解成若干子任务，按照教材的自然章节逐项落实，才能有序完成。这有利于解决当前教学内容多、课时有限所带来的实际困难。第二，贯彻这个原则有利于紧扣每节课的核心概念，抓住重点，兼顾其他，提高课堂教学的科学性和实效性，有利于克服目前部分历史教师中存在的学风浮躁的现象。

我通过目前工作的各个渠道，如上课、编写教材与教师教学用书、培养青年教师、开展教学研究、进行单元和课时设计等，在本市和兄弟省市宣传和落实这个原则，以提高历史教学质量，促进历史教学的有效性，推进课程教学改革。

问：您常说，历史教学是一门科学，也是一门艺术，不同的教师会形成不同的教学风格。虽然您受包启昌先生的影响，但还是形成了自己独特的"钱氏"风格。能请您对自己的教学风格做一些描述吗？

答：由于教师个人特点不同，在处理教材、实施教学计划时，会形成自己独特的风格，如同作家和艺术家一样。具有自己独特的风格是一个教师成熟的标志。1996年，我在申报特级教师时曾写道："博采众长，形成自己的教学风格。"现在看来，博采众长是事实，而形成自己的教学风格则是大话，只能说是一种我所追求的风格。

年轻时，我曾磕磕巴巴地读过一遍《史记》，司马迁寓理于史的写史风格给我留下了深刻的印象。拨乱反正后，上海历史教坛群星荟萃，包启昌先生的"概念教学法"和"一堂课一个中心"的教学原则、吕登来先生的"小零件"、蒋衍先生的"挖潜台词"、郭景扬先生的知识结构图等对我都很有影响。我敬佩他们，也知道我成不了他们，但也不能停留于简单模仿。在博采众长的同时，分析自己长处：我是女教师，感情比较细腻，普通话也还可以，还擅长讲故事（必要时可以模仿刘兰芳讲一段）。况且我还年轻，知识结构比较新，面对历史学科承担的"知识""能力""情感"三大任务（当时的提法），要形成"寓理于史，寓情于史"的情感教育的特色，以丰富的史实去感染学生。

记得1988年上海掀起一股"巴拉巴拉"风，许多青年要到日本等发达国家去。我看了一本《德国近代史》，上面记载着一串耐人寻味的数字：1871年德国统一前，离开德国的人逐年增多；德国统一后，出国的逐年减少。书中还介绍了德国著名科学家霍夫曼到英国、法国学习了先进的化学知识，却在统一前回到德国，运用所学知识创建了新兴的化学工业，使德国经济由此腾飞。我结合教材补充了这些史实，并向学生简要表达了我的观点："我理解在祖国还不富强的时候出国的人，更敬佩像霍夫曼那样学成归国、用先进的技术使祖国富强起来的人。"一位获得全市中学生历史竞赛第一名的学生在出国前表示，一定会记住我的话。

为了寓理于史，寓情于史，我围绕教材积累了比较丰富的史实，熟记在心。

1995 年，在电视高级中学邀我主讲中国近代现代史（36 讲）时，占了不少便宜。当时任务很紧，在暑假的七个星期中，每星期要录四节课，每节课提供 4000 字到 5000 字讲稿，还要配上一些视频资料。我没有时间查资料，每天只能凭记忆默写史实。在录像时，一口气背下来，每次拍摄都是一次完成，没有返工，一个暑假完成任务近 80%，被摄制者视为最佳合作者（笑）。当然，这种授课风格是基于当时的教育大环境之下，历史课堂教学总体上还是以教师为中心、以教材为中心而形成的。

三、发展与传承

问：评上特级教师后，在历史教学方面又有何发展？

答：一个教师工作十年，如果不通过教育科研，勇敢地突破自己，也许一辈子就定型了，不会再有大的进步。1996 年，我有幸被评为历史特级教师，觉得压力很大，希望自己在已有的基础上获得发展。当时正处于上海第一期课程教材改革时期，这对传统教学观念产生了很大冲击。一句流行的口号是"发挥学生在学习中的主体作用"，一个明显的观念变化是从"教教材"到"用教材教"。特别是电视等大众传媒的发展，学生信息来源的拓宽，使教师的信息权威受到挑战。有一次，我上拉丁美洲的历史，介绍当地的多种人种，当时即有一个学生大声嚷嚷"还有蓝种人！"我以破坏课堂纪律为名，制止了他。不久，我在《报刊文摘》中看到了这条消息，虽然学生对人种的理解有点偏差，但是我脸红了，既为我的孤陋寡闻，更为我的误解学生。于是，我开始尝试实行"问题教学法"，即要求学生通过预习，提出问题，让我结合问题组织教学。当时的用意仅仅在于能深入了解学生，以便加强教学的针对性。2000 年，随着上海二期课改的全面推出，我和教研组的老师以推进基础型课程中研究性学习为目标，以在现代教学技术的新平台上实施"问题教学法"为切入点，向国家教育部人事司申报规划课题，经批准，确立为 2000 年"园丁课题"。这个课题于 2003 年结题，作为课题成果，把 100 个案例编成《高中历史百问百解》，并获得全国历史教学研究会优秀成果奖。虽然由于教科书的改变，影响了此项成果的推广，但是，我觉得我获得了四项突破——首先改变了教与学的依据，其次改变了教科书的功能，再次改变了传统的教师与学生凝固不变的角色定位，最后拓宽了历史教学的功能。这项课题改变了我的思维定势，使我"寓理于史，寓情于史"的教学风格在新课程理念的基础上更加富有时代性。

问：记得您在 2003 年发表的课题报告，题目是《整合两种学习方式，促进学生自主发展》，与当时流行的语言"改变教与学的方式"有所不同。您为什么用"整合"这个词？

答：是的。很高兴你注意"整合"与"改变"这一小小的变化。我是历史教师，更喜欢用历史的眼光审视历史教学。我们来讨论这样一种历史现象：

华东师范大学夏惠贤教授在回顾教育的发展史时，提出教育发展是一个钟摆现象。比如，目前我们提出"以学生为中心"的教学环境最早在孔子和苏格拉底那个年代就已经存在了，孔子是提倡因材施教的，他的言论记录在《论语》中，苏格拉底也是提倡以讨论方法让学生在反复质疑中认识真理的。后来经过夸美纽斯、赫尔巴特直至凯洛夫时期才慢慢变成了以教师为中心的教育环境。教室里"插秧式"的座位，人头济济的学生，像苏格拉底那样的讨论，有多少学生能发表意见？自从工业革命以来，教学就有两种基本方式——既有接受式学习模式，也有杜威实用主义的"做中学"模式，各有利弊。举一些极端的现象："文化大革命"前，根据凯洛夫的教学法，要严格依据教材，上课的五个环节，分秒不差；"文化大革命"中，文科搞"结合战斗任务组织教学"，理科搞"工基""农基"，片面强调实践；十一届三中全会后，拨乱反正，又十分强调落实"双基"……由此看来，任何一种教学模式都要放在特定的历史背景下考察，不能走向极端。正如上海教育功臣顾泠沅教授所说："真理往往是在两个极端的中间。"我在对教育进行历史思考和实践尝试后，感觉到，两种教学模式都必须符合客观条件，且都有其合理之处，它们不是非此即彼的互相排斥，而是具有互补性，不要把其中任何一种方式推向极端。因此，我和我的同事在教学实践中，重点突破僵死的教师"一言堂"局面，用师生问答、课堂讨论、专题辩论、拓展讲座、课题研究等多种方法为学生释疑解难，在实践的基础上提炼出了"整合两种学习方式，促进学生自主发展"的口号，发挥两种教学方式的优势，全面落实历史学科的"三维目标"。其中，最大的亮点是关注学生的思想热点，使学生在积极思辨的质疑—探疑—释疑这一基础上接受体现国家意志和社会主流的正确思想，完成作为公民基础教育的历史学科中"情感态度与价值观"的目标。

很遗憾，当我对教学特色有了比较自觉的思考提炼时，已淡出教学第一线，衷心希望年轻的教师能推陈出新，在新课改中，形成历史教坛百花争艳的盛况。

问：您先后取得全国历史教学评比一等奖、上海市园丁奖、全国教育系统劳动模范、全国十佳中青年教师提名奖等荣誉称号，在这些炫目的荣誉面前，您是怎样不断进取的？

答：这些荣誉都是"盛名之下，其实难副"。我只能以此为鞭策，为了教育的真谛，不断挑战自己。"一切为了学生的发展"——这就是教育的真谛。为此，一要挑战自己的学养；二要挑战自己的经验；三要挑战自己的教育理念。

我所探索的"问题教学法"，实在是一种让自己的知识储备经常露出破绽的实验。学生提出的很多问题，我不知道怎样回答，有的是我查了很多资料才能够回答，有的则查了很多还是不能自圆其说。虽说"师不必不如弟子，弟子不必不如师"，但是，如果教师经常回答不出学生提出的问题，学生就没兴趣再问了，不仅学生的积极性受挫伤，老师的威信也会大大降低。有一段时间，上海教育电视台开展讨论"教师的魅力是什么？"众说纷纭，有的说敬业精神；有的说一片爱心；还有的说创新精神……我认为都不准确，敬业、创新各行各业都需要，爱心也难以超过父母亲。教师是教育者，他的魅力在于博学。我让学生提问，结合问题组织教学其实是自找麻烦，但是，为了促进学生积极主动学习，这个麻烦只好认了。

当代教育是建立在现代信息技术平台上的，对我们老教师而言，实在是八十岁学吹打，向自己的知识结构挑战。为了拉近与现代教学的距离，从 1999 年开始，我开始尝试借助多媒体课件上课，工作模式是我设计，请电教老师制作课件。《第一次世界大战》《法兰西第一帝国》的课件是我校最早在区里获奖的课件。运用网络进行远程教育我也曾有所涉足。虽然，现在我的技术远不能与青年教师相比，但是，我并不是一个门外观望者，现代信息技术也成为我主要的工作平台。

做了30年历史教师，教过智优生，也教过轻度智障生，各项与历史教学相关的业务都有所经历。随着年龄的增长，我逐渐远离热爱的课堂，承担起主持"区名师工作室"、主持"市名师后备人选高级研修班"的工作。这项工作与我长期基层教育工作经验绝然不同，我不能不向自己的工作经验挑战。在实践探索中，逐渐总结出"理论辅导先行，教学实践落实，专家指导与同伴促进并举，整体提高与个人发展互动"，"前半程，夯实基础，蓄势待发；后半程，结合任务，展示风采"的培训计划。向培训对象提出成为"加强师德修养，成为德才兼备的专业人才；与课程改革休戚与共，成为拉得动打得响的攻坚人才；善于总结反思，成为研究型人才；夯实专业基本功，成为拥有绝活的拔尖人才"的高要求。从2003年以来，逐渐形成了新的专业发展区。

问：您曾经多年担任副校长，这对您的历史教学工作有什么影响？

答：我是在特殊的历史条件下走上行政管理岗位的，自知很不称职。原以为这样会既荒废了历史教学业务，又搞不好管理，两败俱伤。经过八年的教学行政管理工作实践，却另有一番收获。特别是在争创实验性示范高中的过程中，促使我从学校发展的大范围和从整个教育改革发展的大环境中去思考教育，从办学目标、办学理念、办学途径等比较上位的层面来认识中学教育，感悟教育的真谛，反过来加深对历史学科在整个基础教育中不可或缺的地位认识，也算双赢吧。

问：能否请您对自己的教育经历再做一点概括？

钱：为了教育的真谛挑战自我，永远做一个知不足而奋进的耕耘者，这是我执着的追求。

四、指导与创新

2009年春，我和松江一中的包卫老师一起到山东高唐参加一次中国科学技术协会委托华东师范大学组织的"聚焦课堂"活动，该活动采取同课异构形式，与会历史教师代表同时执教人教版高中历史教材（必修2）"第13课　对外开放格局的初步形成"，共同探讨新课程背景下的高中历史教学的特点。按照活动要求，我参与了包老师的备课，并在"聚焦课堂"活动中，结合对各堂参展课的点评，作了主题发言。

来自各地的老师精心设计教学过程，努力实践课改精神，学生活动面广，知识目标达成度高成为亮点。包卫老师的课则以"寓理于史，寓情于史"的清新、朴实的风格，打动了学生的心，也引发了与会教师的思考。

以下截取包老师上课中的几个片段，以"我的点评"的方式对设计意图做简要的诠释，借以表达我所追求的教学风格。

导入新课：

当歌曲《春天的故事》美妙的旋律还回响耳畔，教师回忆起 1978 年的一些小故事：深圳罗芳村村民逃港事件，深圳河两侧农民收入相差百倍的事实；邓小平出席联合国大会前，穷尽全国银行的外汇总额仅 3 万美金的尴尬……然后提问：一样起早贪黑，一样风吹雨淋，我们究竟缺什么？为什么会缺这些？

"我的点评"：教师导入新课脱俗出新，没有套话空话，而是直奔主题。所选史实十分典型，甚至令人揪心；教师叙事朴实无华，却耐人寻味。当学生直面历史的真实时，无须教师动员，就如炸开锅似的议论纷纷："我们缺资金、技术、市场……""我们底子薄；外国封锁；我们的政策也有问题……"虽然教师没有做"国内""国外"的条块分析，没有对中央文件精神做精辟的解读，但是"寓理于史"，学生在讨论中自然得出了自己的结论："开放是十分必要的，十分迫切的。"在这个当口，学生对改革开放必要性的"理"的感悟是发自内心的。

教学过程中对历史人物邓小平的介绍和评价：

环节一，广东省委要求中央给予开放的政策时，邓小平的指示是"要杀出一条血路来"。

环节二，深圳特区建立后，遭受来自党内、政府内的尖锐质疑，邓小平果断回答"特区姓'社'不姓'资'"；特区是"窗口"；明确表示"胆子再大些啊"。

环节三，20 世纪 80 年代末 90 年代初国内的政治风波、东欧剧变、苏联解体……邓小平力挽狂澜，果断决定开发开放浦东，鼓励上海"加紧干啊"，不久发表南方谈话。

……

"我的点评"：邓小平在改革开放中的历史功绩，中学生耳熟能详，但是缺乏必要的情感体验。然而，当教师结合教材内容，以宏观叙述和细节描绘相结合的史实介绍，并配以必要的图片、文字、音响资料，揭示他的言行所指向的尖锐的社会矛盾冲突，"寓情于史"，再略加具有点睛功效的议论，效果就大不一样了。学生心目中的伟人就活了起来，树立了起来。学生对伟人思想之深邃、决策之英明，有了比较深刻的感受，景仰、尊敬和缅怀之情油然产生。

开放的成效（语言文字部分的枚举）

深圳开放的成效——三天一层楼的深圳速度产生了，逃港的罗芳村民回来了，1980—1983 年这 4 年的 GDP 超过了办特区前 30 年的总和。深圳，从一个小渔村一跃发展成了现代城市。

浦东开放的成效——1990 年，浦东新区生产总值只有 60 亿元，2005 年，生产总值达到 2109 亿元，平均年增长 19.5%。陆家嘴地区 40 多栋楼，平均一栋楼一年税收达"2 亿多元"，张江高科技园区的"一平方公里每年产值 150 亿元"，浦东已神话般成为"中国改革开放的标志"。

> 全国开放的成效——还记得 20 世纪 70 年代邓小平出席联合国大会时，全国仅有的 3 万美元，一个大国的领导人，邓小平回国时只能给心爱的小孙子带回两块巧克力吗？现在我国外汇储备已达 2 万多亿！……

"我的点评"：没有"大概""也许""或者"……有的是实实在在的数字；没有空泛的感想，有的是建立在鲜明对比基础上无可辩驳的事实。这些事实激发了感情，说明了道理，通过课堂中学生表情的观察，学生对改革开放成果的认同是不言而喻的。由此，我们可以推断，在新课程背景下，"寓情于史，寓理于史"，对于全面落实"三维目标"，尤其是"情感态度与价值观"目标是有效的、合理的。

第二章　凤光宇：做一个不停步的人①

凤光宇老师的人生亦可谓颇具传奇色彩，从抡锤子的工人，因时代的机遇而成为教师，并成长为一名全市著名的特级教师，走上领导岗位，担任区教育学院党委书记、副院长。从他的叙述中，或许读者可以看到一个不同于一线教师的高度。

一、成长的足迹

问：这一次对您访问，是想向您请教三个方面的问题：一是希望您对个人的成长历程作一次追述；二是您对上海历史教学的文化氛围，尤其是您在这种历史教学文化氛围中接受浸润的感觉；三是您对历史教学本身的理解。请您就此谈谈看法。

凤：好的。

问：首先，请您谈谈自己是怎样走上历史教学的道路的。

凤：好的。和现在的青年教师相比，我算是有一些特殊的个人经历的。比方说，我在上大学以前在上海的某家大型企业当过五年抡锤子的工人。在"文化大革命"结束、恢复高考后的第二年(1978)，我考入了上海师范大学。

问：这段经历对您来说大概是刻骨铭心吧(笑)。

凤：当时，从事工人这个职业确实很苦，从早干到晚，还要加班，唯一的报酬就是两角钱、一盘小排骨，或者几个馒头。不过，那时的我们感到很满足，完全不会产生要求更多酬谢的想法。这样的经历对个人来说，或者"幸"，或者"不幸"，各不相同。对我来说，这样的经历对我后来做学问、钻研某些课题内容、克服困难，帮助是很大的。

这一过程中获得的视野，对我的帮助也很大。其实，我们这一代人有类似的经历和体验的人很多，也都能吃得起苦。课时多一点，工作任务重一点，我们都不会叫苦叫累。

我们这批"文化大革命"后考入大学的人，有各种不同的经历。有的做过农民，有的做过工人，还有的人是从事机关工作的。考入大学后，我们对大学生活都非常珍惜。

问：您考上大学的时候就以从事中学历史教学为志愿吗？大学的学习经历对您后来的成长有什么帮助？

凤：我们当时的目标，都想留在大学工作，或是读研究生，以从事历史研究作为自己终身的职业。所以，我们在上海师范大学学习时，基本上都用足了时间。那时消耗的时间主要用在学习历史和英语方面，花费了我们相当多的精力。

---

① 本篇访谈录由上海交通大学附属中学彭禹老师和杨磊老师整理。

随着学习的进展，有一批老师对我们的影响逐渐深刻起来。比如说，后来担任上海师范大学教务长的李培栋，给我的印象非常深刻。当时，他给我们上过一堂"怎样写论文"的课，在课上打了个比喻：你的观点应该像链条，环环相扣。这个"环环相扣"的说法，对我以后的影响很大。

像李培栋先生一样，当时老一辈的著名学者，比如程应镠老先生，如果他为本科生上课，我们都去听他的课，并且教室里坐得满满的。这些大教授完全没有大架子，学生前往他们家中拜访，会受到很好的欢迎。他们严谨的治学态度、谦逊的为人品格，以自己的言传身教对我们产生了非常大的影响。回想起来，现在我们讲解的许多史学方法，其实都是从他们的教育中获得启示，并在后来得到发展的。从我个人成长的角度来说，大学对于我思维成长的影响是很大的，对中学历史教育的兴趣也是从这时候开始产生的。

问：您是1982年参加工作的。那个年代嘉定还属于上海比较偏僻的郊区，偏远的环境对您的成长是否带来了什么困难？

凤：刚刚参加嘉定的教育工作时，是没有机会参加类似现在的各种讲座和教学研讨课程会的。当时仅有的培训，就是由以上海教育学院为主组织的"240师资培训"。（后来，上海教育学院并入华东师范大学）当时的交通并没有现在这样的高速公路和地铁，每次都只能搭乘公交车。所以，许多嘉定本地的老师都不愿意去参加培训。

我是从市区到嘉定工作的，我家住在市区，离学校很远的地方。一开始，我比别人会多参加一些市里的培训，最大的好处是可以早些回家。但这只是一方面的因素。在参加培训的过程中，我意识到，听课和学习带来的益处是非常大的。因此，我每个星期四下午要从郊区赶到市区，去参加这样的培训。这一过程虽然辛苦，但却是很有价值的，它对我在教学技巧、教学艺术方面进一步打实基础带来了很大的帮助。所以有些困难是可以靠毅力克服的。

另一方面，在我当时工作的学校里，教研组的氛围对我的帮助也很大。当时我所在的教研组，有一位近60岁的老教师，两位中年教师，我和另一位青年教师——现在任教于曹杨第二中学的孙培芳——现在已经成为那所中学的骨干教师。我们五个人构成一个教研组，"老中青结合"，非常合理的配置；而且，有一个非常好的氛围，即相互帮助。

我在嘉定从事教研工作时就发现，有的教师准备公开课，其余人不闻不问，好像与他们全无关系。但在我们教研组，如果有人开课，全组都会自觉地来听，而且还会为他出主意、想办法，使这堂课上好。这样的经历，让我得益颇多。后来那位老教师退休了，中年教师成为老教师，我们接替了中年教师的位置，随后又有新的青年教师进入教研组，这个传统就一直传了下去。现在想来，这样的传统使我们受益匪浅。

二、走向广阔天地

问：您能具体谈谈那段成长时期的收获吗？

凤：最大的收获是来自参加培训的过程。"九五"期间，我从二级教师晋升为一级教师。在当时，一级教师也需要参加"240 师资培训"，很多教师仍然不愿意来回奔波，但我还是坚持参与。

就这样，我就进入了一条培训的"轨道"。我认为，这条培训的轨道就是让我们站在前人的肩膀上，因为为我们提供培训的人，都是一些大学教授。你前面说到上海的历史教学的氛围，有这样一批甘为人梯、愿意让中学教师站在肩膀上的大学教师，应该说是上海历史教学的一个特点。

记得在一级教师的培训过程中，我遇到了郭景扬先生。对于他，我至今心怀感激。当时，他任职于上海教育学院，是组织培训的教师之一。在培训中，他提出："我们上海是'海派'，'海派'自然要有'海派'本身的特色。各位能够就此写一些东西吗？"那时，我记得总共有 20 位教师参与培训，大家几乎都一推了之，声称没有空闲时间，而我却自愿承担了这样的任务。承担任务固然会让我辛苦一点，但对将来的发展是有用的。郭景扬先生将我们分成四个组，分别写作四种教学模式，希望每组根据所长，各自认领一种。我们组认领了情境复现教学模式，而同组的其余两个人均表示了推托，将工作完全交给了我。

我之所以认领这一课题，是因为我对情境复现教学模式曾有研究，而且也实践过。在写作这篇论文的过程中，起初，我发现自己单独承担这个任务，是很难写出非常有质量的论文的，基本上也只能是进行经验总结。本想指望郭先生能够为我修改，可他拒绝了，只听取了我的讲述和构想，并进行了指导。每个小组都前去求教，郭先生只是支撑着下巴一一认真聆听，随后将他的思考与观点告知大家。经过第二次修改后，再向他汇报一次。紧接着，论文在《历史教学》杂志上按期发表，我的文章位列第三篇。

记得郭先生当时对我说：首先，你的论文必须有理论的层面，不能单纯地停留在经验总结方面；其次，即使你进行了经验总结，有些内容也应当贴上"新的标签"，使之得到升华；最后，你的思路一定要开阔。在他的指点下，我经过半年的努力，终于完成了这篇文章的写作。就我个人的看法，这篇文章应该是中学历史教育学界比较早的、全面论述情境教学模式的论文，也奠定了一些我的教学风格。现在回想起来，这就是从实践到理论、从理论再到实践的机遇。

培训结束后，我总结了自己的收益，主要体现在两个方面：一是对教学工作产生了新的思考，这种思考是基于理论的提升；二是通过这样的培训，我学到了怎样培训其他教师的方法。当然，在这一过程中，"悟"是相当重要的，仅仅去听取他人的讲解是缺乏效果的。

问：您后来从教师改为担任教研员，从此一直长期主持各类教师培训工作，想来当年您自己的经历对您影响很大吧？另外，您觉得做一名教师的培训者和教师本身有什么分别？

凤：是的。我从接受培训的过程中和那些主持培训的老师身上学到了很多东西。可以说，我的某些成功，一方面来自大家的帮助，一方面源于培训中得来的好经验。坦率地说，因为近几年所承担的任务很多，我的课堂教学水平难以继续提高。其中虽然参加了教材的编写，但对有些方面的理解还是不够深入。可是在培训方面，我仍然能够发挥自己的长处。

在培养历史教师方面，我比较注意教师思维能力提高的培养。要让学生在各方面都得到发展，教师必须具有历史思维，并且具备创新思维的意识。对教师的培养，可能比面对学生时的教学更重要。学生教不好，只是影响一个班级，不过四十多个学生；而培养出一批教师，受影响的人数可能就会呈几何状增长。因此，我在后半阶段的教师培养工作，其成绩可能超过了我在前半阶段的教学工作。

而作为一名培训者，确实和担任一线教师是有很大差异的。最大的差异在于视野的不同。我先是担任学校的领导干部，并成为区历史教研员，现在又担任教育学院的领导工作。这样的机会使我的视野从学校的层面转移到了区的层面，随后又从区一级提升到市的层面。在这一过程中，我的眼界进一步得到拓宽，对许多问题又有了新的思考。经验告诉我，必须不断思考、不断寻找机会发展，而且无论从事什么样的领导工作，我认为专业学科是不能丢弃的。

到2012年，我的整个教师生涯就要满三十年了。在这三十年中，一半的时间在中学度过，另一的半的时间则用于教师培训领域。我主持的两期"名师基地"，应该说是出了一些人才的。当然，这是他们自己努力的结果，我只不过是为他们搭建了一座平台。无论取得了怎样的成绩，我都不能居于这些接受培训的先生之上，因为这是大家共同努力的结果。而且，我也有自己的短处，尤其在教学方面，尽管有时也会上一些实践课，但毕竟是不系统的。虽然我现在已经担任了教育学院的院长，但我始终强调，历史教学的第一线是不能脱离的。因此，历史教学的一些活动我都要参加，既能倾听到专家的讲话，也能和学科的教师接触，了解历史教学的最新动向。

三、教学、教材与人生

问：在您成长的过程里，对历史教学有哪些体会？

凤：在历史教学过程当中，必须强调一点，那就是要让历史变得鲜活。这是我的第一个体会。

为什么这么说呢？我认为，要想让学生爱听我们的历史课，或者说要让历史课真正拥有历史的滋味，就必须下功夫，使历史能够活起来。我反对将历史弄成"干巴巴"的模样，全是"骨头"，没有一点"肉"。

最初，我在历史教学工作中发现，学生不爱听历史，于是我采取了讲故事的方法。在一堂课中，结合历史史实讲一些故事给学生们听，能够吸引学生。

讲故事也让我有所积累。当时的条件是，没有多媒体，没有电脑，也没有现在的史料教学法，或者其他的辅助手段。在讲故事的过程中，我开始思考：我们能否创设情境？这与之前我谈到的，郭老师让我写的课题有一定联系。在接下来的教学中，我就做了进一步的尝试。这样（简陋的）的尝试在现在看来或许很可笑，但我认为还是有一定作用的。首先，我试着让学生结合学习，编制相关的历史小报。从结果来看，学生确实能去收集相关的材料，并通过编写报纸的过程锻炼能力——收集信息的能力、分析信息的能力和信息再表述的能力。这张小报，确实有所成效。那时没有电脑，许多小报都是学生用水彩笔亲自绘制的。别看这样的手法相当幼稚，但学生的原始能力却得到了很大程度的激发。对于这一点，我印象很深刻，因为学生编的报纸，曾经得过上海市的一等奖，我和学生都非常高兴。

第二种让历史变得鲜活的方式，就是让学生介入到我的历史课当中。一开始，我发现学生们不爱听历史，便向他们提出：你们能否用自己的话，把书本上的内容表述出来？随后，学生的热情马上就被激发了出来。

我对历史教学的第二个体会，就是在历史教学当中，必须培养学生的历史思维。传授历史知识只是历史教学的一个方面。我们很早就意识到了这个问题，所以在历史教学的过程当中，我曾经设计过许多活动，并且都是很投入的。20世纪80年代时，学生每周只休息一天，但即使这样，只要学生在当天有活动，我们都会很热情地参加，并且给予指导。我当时写过一批案例，也有一定的说服力，这更加使我感到，培养学生的历史思维相当地重要。

根据我的总结，思维包括反向思维、发散思维、辩证思维和对比思维。我提出的"倡导教学民主，建立创新氛围；创设激趣情境，激活创新意识；鼓励质疑问答，培养创新品质；改进历史作业，运用创新能力"在当时起到了一定的总结作用。培养思维的过程，可以同我们后来提出的研究型课程结合在一起。关于这一点，我曾写过一篇文章，后来加入到由广州大学编写组织的书籍中，可能在当时还没有类似的文章发表。

我的第三个体会，就是将研究型课程与培养学生的历史思维能力结合在一起。在研究型课程领域，我的投入还是比较早的。当时，我在区和区教学研究室内，先后就这一问题开过两次推广会。此外，现在由我们市教学研究室所强调的史学方法也很重要。因此，现在我的研究，不单单是历史教学的相关内容，还有学生学习背后的东西。你们也应当关注这一问题。还有，学生学业水平考试的绿色指标，比如说学生在历史学习中所花的时间、他们对历史学习的兴趣、教师教学对他的帮助、学生的作业时间等，这也是我们现在很关注和研究的内容。

问：您觉得历史教材在历史课堂中应该占什么样的地位？

凤：第一，历史教材在课堂上肯定很重要。我一直在本区域推进课程意识与课程执行结合的一些方法。教材不等于课程，明确课程的功能是最根本的，包括课程的框架、内容、课时、评价、学生等，要逐一比较下去。历史教师必须要有课程意识。

课程意识的第一个内容，就是要知道每个学期、每个学年到底为什么而教。也就是说，整体的"知识与技能、过程与方法、情感态度与价值观"目标是什么，并要再细化到学年、学期、单元，最后到课堂。所以，在嘉定区，我狠抓了教师课程计划的评定。

（关于这个问题）我写了两篇文章，其中一篇发表在《现代教学》上，另一篇发表在《上海教育科研》2011年的第11期上。

第二，教师要深刻地认识教材。我认为，教材在课堂中应该是学本。教材，应该能够让学生自己学习，并在教师指导下有所发展。我参加过初中、高中教材各一册的编写。在编写过程中，大学教授强调体系，我则一直谈我的观点，起到了一定的作用。对于教材，教师在课堂中还应该做到整体把握，不能就一节课而上一节课，要整体把握教材的脉络，然后再落实到课堂中去。在教学过程中，要尽量地让学生接触教材，把教材作为一种学本。学本的具体方式，就是要把教材化解为学生能够读懂的语言，要活用好各个栏目。

第三，在运用教材的过程中，教师必须关注自我评价。目前，教师的自我评价能力相对来说还是比较缺失的。一节课结束后，哪些内容是出色的，哪些内容存在问题……这些都应该搞清楚。嘉定区目前承担了研究全市历史教学评价的工作，我们还准备设计一些观察点以促进教学评价的改善。

当今对教师教学的评价往往是由他人进行的，而且研究的方向很多都是些技能。所以，对教学的自我评价，我认为还是很重要的。

归结起来说，应当在课堂上用活教材，教师要整体把握它。

问：从您三十年的教学经历来说，您觉得青年教师在成长中应该注意些什么？

凤：每一个人对人生都会有不同的看法。我想要说的是一点启发、一个感触和一个经验。先来谈启发，我认为每一个人都要关注和抓住使自己成功的机会。比如，我曾得到过全国录像教学评比的一等奖，但在第一次参加这项比赛时，我只得了一个二等奖。我并不甘心，发誓一定要继续努力。第二次参赛的课题是"魏晋南北朝时期的文化"。为了比赛，我进行了"三次实践，两次反思"。第一次上课后，被我们的教研员完全否决掉；第二次，比较理想。王铎全等先生都来听课，并帮我对课程进行加工，然后再进行录像。我以后的许多教学经验，都是从（准备这节课）的过程当中一点点积累起来的。现在很多教师都害怕上公开课，其实这种担心是没有必要的。多上几次公开课，肯定会有提高，包括区级公开课。当然，教师要在这方面下功夫。

说到感触，则是要有悟性。这不是说天赋的悟性，而是说要对别人的指点引以为戒。比如，郭景扬先生等人的指点，对我写文章产生了很大影响。以后我在写文章时，能够成功地把握写作方法，并形成系列。所以，"悟"也是非常重要的。

经验则可以概括成一句话：历史的思维、逻辑学习的课程，对一个人的整体成长是很重要的。现在，很多大学生和教师都不重视教育学和逻辑课，其实当中的很多内容对我们将来的发展都能起到促进作用。我想说的是，假如你们当中的某些人将来成了干部，自己的专业还是要把握的。而且，作为一个教师，在学校中生存、发展，只是学问深、只有思维，还是不够的，还要注意人际关系、发展过程等方面。

我认为，上海的年青一代人，将来一定会比我们更有作为。

问：谢谢您接受我们的采访！

第三章　朱志浩：挥洒激情终无悔，不拘一格求创新[①]

如以包启昌等老师为改革开放后第一代特级教师的话，朱志浩老师可算是第三代特级教师的代表之一。他担任历史教研员至今已超过二十年，在这个岗位上，朱老师形成了独特的历史教育视野，他的叙述，或许不但对教师个人成长会有启发，对教研活动如何开展、教育视野如何拓宽都不无裨益。

一、成长的历程

问：您的大学教育经历对您今后的历史教育思想有什么影响？

朱：1983 年，我进入上海师范大学历史系学习。我的老师基本上都在"文化大革命"前受过正规的高等教育，大都功底扎实，治学严谨。在大学学习生活中，我主要做了两件事：一是抓紧读书。我星期天基本上都泡在图书馆，阅读了大量的历史专业书籍以及教育学、心理学方面的论著。二是跟着导师做课题。通过做课题，一方面可以零距离感受导师的人格魅力和治学精神；另一方面也锻炼了自己，对学术研究的基本程序和规范有了一定的认识。大学实习也是一段让我终身难忘的经历。带教我的是现在向明中学校长芮仁杰先生。从备课的格式到教学的环节，从教材的把握到语言的表达，他都给了我悉心指导，可谓尽心尽力，为我以后能够担纲中学历史教学奠定了坚实基础。当然，大学的历史教育也有值得反思的地方：一是大学本科历史教育要加强历史思维逻辑的训练，这对于中学历史教育者有着重要的意义；二是大学本科历史教育过于注重史学本体知识的学习，忽视了历史本体知识产生过程的学习，也就是说，在史学方法论方面还比较薄弱。

问：请您谈谈工作后的主要经历及教学思想发展历程。

朱：1987 年，我进入奉贤县（现改为奉贤区）钱桥中学任教，1995 年调入奉贤县教师进修学校，从事中学历史教研工作至今。老一辈历史教师的言传身教让我终生受益。他们的教学基本功非常扎实，求真务实，以及对教育事业永不止步的执著追求。特别是他们为人正直和善，乐于奖掖后进，对我耳提面命，诲人不倦。回顾自己的教学思想发展历程，大致可以分为两个阶段：第一阶段是从1995—2000 年。这一阶段主要是对前任教研员的思想进行继承、夯实并有所发展。当时一期课改提倡历史课外活动，所以我花了大量精力来指导中学历史的课外活动，后来出版了《中学历史活动课指南》一书。第二阶段是从 2000 年至今。这一时期我参与了上海市历史课程标准的制定以及教材的审查，经常与历史教育专家和大学教授交流切磋，对中学历史教育有了新的思考。我开始更加注重对历

[①]　本篇访谈录由上海市致远高级中学张炎林老师整理。

史本体的认知，如历史学的本质到底是什么、中学历史教学到底要教给学生什么等，并逐渐形成了自己的中学历史学方法论，适宜于中学教学的史学方法论思想体系。实践证明，这一思想对中学历史教学是行之有效的。

问：您现在对历史教育有什么主张？

朱：培养什么样的人、如何培养人是当前世界教育改革研究的重要方向。站在中学历史学科教育的角度看，对中学历史教学目标的基本定位应该改变过去过分重视学科知识体系，轻视中学教育通识能力培养的倾向，在落实历史基础知识的同时，重视养成学生学史的基本技能方法和史学思想方法的思维方式，以及基于历史学科知识之上的可持续学习能力，同时关注历史学科特有的情感态度与价值观的教化功能，养成学生切实的爱国情怀和宽广的国际意识，以达成三维目标的有机统整。我从历史学科本体认识出发，提炼出的"关注史学方法，提升思维品质"的中学历史教学思想，不仅在奉贤县历史教研教学指导中获得了成功，还引起了市内外广泛的认可和推广，得到了市课改办和市教委教学研究室领导和专家的重视，并邀请我参加二期课改历史课程的研究和实践。我认为，中学历史教育的要义并不在于教师教给了学生多少历史知识，而是要让学生知道历史知识的产生过程，以及如何去看待历史和认识历史，这就需要在教学中注重史学方法的渗透。基础的史学方法是中学历史学习方法的重要组成部分，旨在引导学生了解历史知识的产生过程和历史认识的形成过程；进而能运用这些基础的史学方法判断史料的可靠性，揭示史实形成和史实之间的逻辑关系，以唯物史观观察、分析、解决历史问题；由此逐步形成历史学习中的证据意识、逻辑意识和科学意识，提升历史思维的品质。史学方法有助于帮助掌握分析和解决历史问题的基本程序，进而形成史由证来、无征不信、科学严谨的思维品质。总之，以史学方法为抓手，不仅可以让学生聪明地学习历史，而且还能为学生的终身学习奠定基础。在史学方法论的体系中，我还抽练出"图像证史"这一支脉，较为系统地构架起图像证史的基本路径与方法，并将这一研究成果融入《上海乡土历史图册》的编制中，开创了中学历史图册类教材编写的新形式。

问：您长期从事中学历史命题的研究和实践，在这方面可谓成绩斐然，受到有关专家和同行的广泛好评。您命题的核心理念有哪些？

朱：命题是一项技术性较强的工作，也是一项充满创造性的劳动。命题应是中学历史教师必备的技能，时下中学历史教师的命题能力有待提高。我个人认为，命题首先要有目标意识。目标是第一位的，考查目标一定要清晰和完整。先设立目标，然后去寻找命题的材料，而不是相反。要注意考查目标的完整性，除了对基础历史知识和技能的考查外，也要关注对史学方法和情感态度与价值观目标的考查。其次，是对材料的处理和运用。能够用作命题的材料需要具备三个特性，即典型性、人文性和趣味性。所谓典型性是指选择的材料内容应属于历史的主干知识范畴，且最好出自经典作品或著名史学家之手，能充分体现历史学科的特点；所谓人文性是指所选择的材料应具有深刻的思想内涵和人文价值；而趣味性则是指所选择的材料能够激发学生思考的乐趣，符合学生的认知心理和阅读习惯。在选定了材料之后，对材料进行科学的处理也是非常必要的。这些处理包括对材料进行精减，核对材料的出处，对有关语句做一些必要的注释等。最后是精心设计问题。在问题的设计中要注意以下几点：一是问题的设计要立足于材料本身，用足用好材料；二是问题的考查目标要全面，立足于三维目标；三是问题的设计要科学，注意用语规范性与科学性；四是问题的设计要注意梯度，以适合不同能力发展水平的学生。以我参与初中历史学业水平试题命制来说，一期课改及以前的历史学业评价试题的设计基本侧重于知识与技能目标，对这一目标的考查技术的研究实践较为成熟，这在二期课改中应该不断得以提炼和发扬。把过程与方法列入二期课改的三维目标之一，为历史学科的学业评价试题的设计开辟了一片新的天地，值得我们大做文章，做好文章。情感态度与价值观目标是对一期课改思想教育目标的总结和提升，并针对中学生的认知水平将其目标具体化，围绕这一目标设计学业评价试题有很大的空间可挖掘，值得深化研究。

二、"特级"教研

问：在您的带领下，奉贤区涌现了一批在全市具有一定影响力的中青年教师。作为一名资深的中学历史教研员，您在教师培训和区域教研方面有哪些心得？

朱：在追求教研活动优质高效的同时，我结合自身的特长优势，认真梳理自担任区历史教研员以来开展教研活动的成败得失，总结出以下三种行之有效的教研活动模式，并在教研实践中不断改进完善，使之逐渐成为自己的教研特色。

1."名师引领，典型带动"

充分调动历史学科区级名师和骨干教师的积极性，发挥他们在区历史学科教研活动中的地位和作用，是提升区域历史学科教研活动质量的重要抓手。

每学期开学伊始，区历史学科的名师和骨干教师共同研究讨论学科重大的教研活动已成为惯例，学科教研活动的研究重点、主攻方向在讨论中得以确定，这样既树立了他们的区域历史学科的主人翁意识，又确保了区历史学科重大教研活动的有序开展。历史名师和骨干教师还要结合自己的教育教学特长，每学期认领一项历史教学科研小课题研究工作，并在学期中期根据研究进度为全区历史教师开设一堂研究成果展示课或教学实践研讨课，或作一次小型专题研究成果汇报活动。以区名师和骨干教师评选周期为一个界限，每位历史名师在全区范围内与全区 6 年到 10 年教龄的 2 位中学历史教师自由结对，每月到结对学校指导结对教师的教学、科研等日常工作，从教材分析、教案设计、课堂听课，到课后交流，这种实实在在的指导交流对提高区域内青年教师的教学水平起了很大的促进作用，同时也提升了区域历史教师的整体素质。

2."好课展示，开门练兵"

关注青年历史教师群体，我采用"摸底筛选—提供平台—开门练兵"的模式，力求在点上寻找突破。

用一学年的时间对全区 6 年教龄以内的历史教师进行系统的教学业务培训，帮助他们掌握解读分析教材的思路、课堂教学设计的步骤、课堂教学的技巧、说课评课的方法等，使他们具备作为中学历史教师的基本素养。在此基础上，安排所有教师开设区域范围内的公开教学研讨课，从中筛选出部分有教学发展潜质的教师作为区级重点培养对象。

重点跟踪筛选出的青年教师的教学发展变化，每学期主动到其所在的学校听常规课，指出在听课中发现的问题，要求及时改进，并在下次的听课中观察其进步变化程度，进一步提出更高的要求，使其教学水平得以不断提高。待时机成熟则提供其在全区历史教研活动中作课堂教学展示或交流，激发其不断向上的教学热情。

依托"一三五"工程，利用教育局每年举行的一年期、三年期和五年期教师比武活动，推举优秀历史教师参加，为全区所有学科教师开设"亮相"课，展示其学习研究的成果，激励这些教师向更高目标努力。

"好课展示，开门练兵"教研模式的实施，为区域历史教育教学的后续发展提供了一定的保障。事实证明，这一做法培养了一批想干、肯干、能干的青年历史教师，有些教师在市域内开始崭露头角。

3."现场诊断，专题研讨"

一定规模的区级教研活动是为区域历史学科教育教学发展提供指导性参考的方向，具有一定的前瞻性意义。而及时解决教师在日常教学中的问题则主要采用"现场诊断，专题研讨"的模式。

现场诊断一般采用单科视导和蹲点服务两种方式。

(1)单科视导是指不定期组织区级学科中心组成员和部分骨干教师随机到区域内所有学校随堂听课，教学常规工作如备课、听课、教研活动记录等资料检查，及时发现教师在日常教学中存在的普遍性问题，对学校历史教师进行全面反馈，帮助教师解决教学中遇到的困惑，指出教学中存在的问题，提出后阶段的整改措施和解决问题的建议。这种诊断的常态性特点便于了解掌握教师日常教学的真实情况，具有即知即改的优势。

(2)蹲点服务是指每学期选择区内1～2所学校历史教研组，作为历史学科重点跟踪服务的对象，每月1～2次定期到蹲点学校，通过对蹲点学校历史教师的课堂教学情况和教研组建设状况作全面了解后，选择一至二个具有典型性的问题作为解决的重点，并与组内全体教师一起将重点问题提升为组内小课题，制定研究计划，落实研究措施，并在日后的蹲点服务中逐步加以解决。

问：最后，请您对青年教师的成长提一些建议。

朱：青年教师是教育战线的生力军，青年历史教师的成长关系到历史教育的未来。以个人浅见，我觉得青年教师在专业发展过程中应该注意以下几个问题：

第一，要有工作的激情和事业的追求。我相信"想要成为好教师，可能在大多数情况下都是志向更高和激情奔放的。"教师这个职业容易产生倦怠，就拿我来说，在成为教研员的头几年，我全身心地投入工作，也取得了不少成绩。但是随着时间的推移，对所任教学、教研的熟悉程度使自己的日常工作成为一种常态，缺乏主动性和创造性，职业的倦怠在我身上体现无遗，工作的激情不知什么时候从我身边悄悄地溜走了。于是，我在反思，决心要重新找回失去的激情。2008年，我参加了凤光宇中学历史名师培养基地系统的学习。参加历史名师基地班的学习过程，是我荡涤教师职业倦怠、重新燃起对教育人生激情的过程。在这一过程中，我从倦怠的教育人生危机中逐渐走了出来，把基地班学习作为一个交流的平台，进而转化为提升自己专业能力的契机。把教育当作一份事业来做，你就不会患得患失，你将会抓住学习机会不断充实和完善自我，你的工作也将更有激情，更具奉献精神和创新意识。

第二，要创造性地研究教材。教材虽不是唯一的课程资源，但却是重要和必不可少的课程资源。青年历史教师往往忽略对教材的研究，实际上，研究教材是上好历史课必做的功课。如何研究教材？首先要把握好教材的内容主旨。要用心体会教材编写者的意图，如本课的核心主旨是什么、各个目之间的内在联系是什么、本课内容在单元中的地位如何等。其次，对教材内容要重新进行整合。对教材的整合包括对教材内容详略的处理、对教学内容顺序的调整、对教材内容呈现方式的创新等。例如，我曾指导过一位青年教师的市级评比课，课题是《义和团运动》，他最初的教学设计基本上抛开了教材，在没有必要的史实铺陈的情况下便大谈对义和团的认识。观点不可谓不新，可是这种完全脱离教材的倾向却是要不得的。我要求他重新研读教材，注重基础知识的落实，并准确把握教材内容主旨。修改后的教学设计既兼顾了教材知识的整合，还能以现代化史观对历史事件作重新的审视，体现了源于教材高于教材的理念。最终，这堂课得到了大多数评委的首肯，获得了较好的评价。

第三，要提升自己的逻辑思维能力。我在大学期间也学过逻辑学，当时基本上没有听懂。参加工作后，偶尔翻翻大学逻辑学教材，突然有顿悟的感觉，于是开始注重逻辑思维的培养。历史教学重证据，重逻辑思维，没有必要的逻辑思维训练是很难驾驭历史课堂的。历史教学中我非常看重各环节之间的过渡是否自然、能否环环相扣、有无逻辑的断层和空白、在具体的问题设计中也要注重逻辑结构等。我曾经指导过一位初中历史教师的一堂课，其中有一段文成公主进藏的材料。如何用好用足材料，问题的设计尤为重要。我帮他设计了如下四个问题：(1)唐太宗为何会答应松赞干布的请求？(2)从材料看，文成公主给吐蕃带去了什么？(3)文成公主是否仅仅只带去了上述东西？(4)文成公主进藏给唐蕃关系带来了怎样的影响？这样的问题设计层层递进，由具象到抽象，由现象到本质，既符合逻辑思维的基本规律，也与学生认知水平相适应。

第四，一定要锤炼教学语言。语言功底是历史教师核心的技能之一，历史教学语言要力求生动简练，清晰流畅，抑扬顿挫。语言能力固然有天赋的成分，但更多是靠后天的锻炼。出色的语言表达能力能够弥补课堂教学其他方面的不足。流畅的语言表达，是一堂历史课成功的重要保障。我听过一堂题为《凡尔赛—华盛顿体系》市级示范课，这位老师突出的语言天赋和流畅的语言表达令我印象深刻。教师凭借自己的深厚功力将那段逝去的历史娓娓道来，将最传统的讲述法发挥得淋漓尽致，教学中那些散文般的富有感染力的语言汩汩流淌，为学生展示了丰富生动的历史场景，使得整堂课充满了美感和震撼力。

案例编

　　在本案例编中，前三个案例收录的是吕登来、孔繁刚、周飞三位名师的代表作。吕登来老师、孔繁刚老师的简历见本书"历史"编第一章，周飞老师是上海晋元高级中学历史特级教师，先后师从李惠军、孔繁刚等名师，历史课堂教学以激情、大气而闻名。这三位老师的教学风格分别成型于20世纪50年代、80年代与21世纪初，这里看到的，都是他们从教多年后风格成型、技艺纯熟后的作品。这三位教师都是以"讲"闻名的，而又都一贯坚持"以学生为本"的宗旨，读者可留意他们课堂设计中的结构、语言。尤其值得注意的是，这三个设计，都是有灵魂的活的设计。灵魂体现在何处？更请读者细细品味。

　　后四个案例收录的是"孔派"四位弟子的作品。"孔派"，指的是以上海中学历史特级教师孔繁刚为创始人，由其弟子及教学技法、理念上的追随者所共同构成的教学流派。这一教学流派以孔繁刚老师倡导的如下教学主张为其核心思想：

　　在历史学的认识上，主张"通过学习中国史懂得改革的必要，通过学习世界史懂得改革的方向"。

　　在历史教学上，主张"在过程中感知历史"，反对"在概念中记忆历史"。

　　在具体的教学活动中，主张"抓住人的内在精神"、贯通历史中的"大局"与局势下的人物。又主张"与当下保持一张窗户纸的距离"，主张"历史的必然性与偶然性的辩证"，主张在教学中不妨"以讲为主，以我为主"，但是又要做到"当讲则讲，当议则议"……

　　这些主张都是孔繁刚老师经常谈及的，也是在他积年发表的课例中反复体现的。思其主张，观其实践，则可以了解其中的妙处所在。因此在上海，"孔门"可以成为一"派"。这样的"派"，之间没有利益关系，只有对学问的共同追求。

　　从本编中收入的"孔门"弟子的作品中，或许读者可以对这一有独特风格的教学流派产生更多了解，并借此对"海派"历史教学有更多具体的认识。

案例1　第二次世界大战前夕的欧洲①

上海市市西中学　　吕登来

这是吕登来先生1981年的作品。吕先生堪称讲授法方面的大师，读者在阅读时，可注意以下细节：

1.整节课的设计没有明确地给出一个中心或者主题，但读起来给人的感觉并不散乱，并可推测教学设计的中心大概是：英法的绥靖政策加速了第二次世界大战前欧洲局势的恶化。

2.他的教学环节设计非常清晰、完整，虽然没有教学目标的记录，但是仍然可以清楚地感觉到每一个环节的设计都有其目的。

3.他在与学生交流时表现出的彬彬有礼。这是上海历史教学界非常重要的一个传统。

4.除了与复习、预习有关的问题之外，课堂中的主要问题都需要学生从教师提问前的讲授中获取信息经处理后才能回答。这是讲述法乃至"一讲到底"的教学方式在上海的历史教学界从未退出主流的原因之一。

5.在讲授结束时，他提到对苏德互不侵犯条约存在的不同评价，并且邀请有兴趣的学生课后可以到办公室看材料。这种开放性的思路在当时相当大胆而又富于策略，同时给了学生选择的权利，如果学生对此没有兴趣，也不必强求。

6.请注意吕登来老师在课堂中对"小零件"（也就是小故事）的运用。

最后，阅读过程中始终不要忘记，这是1981年的一节课。

师：（环顾全班学生，了解学生已备好学习用品后，填好教室日志，示意开始进行教学）我们先来复习前几节课里学过的一些内容。请回忆：希特勒是在怎样的历史条件下上台的？在哪一年上台的？（学生举手）

生：1933年，希特勒上台。那时候，资本主义国家发生经济危机，德国也受到了很大打击，工人运动高涨起来，垄断资产阶级非常恐慌，就让希特勒上台。

师：是这样。请坐！1929年到1933年，资本主义世界发生经济危机和政治危机，德国垄断资产阶级为了巩固它的统治，就在1933年把国社党的头子希特勒捧上了台。希特勒上台之后，为了发动侵略，做了哪些准备？请同学列举一些事实。（学生举手）。

生：希特勒搞恐怖统治，废除了资产阶级那套民主制度。他提出"要大炮不要黄油"的口号，搞义务兵役制，发展军事力量，并把军队开进那个不设防区。1936年，跟日本签订了《反共产国际协定》，还武装干涉西班牙的革命。

---

① 陆满堂、金相成选编评注：《中学历史课实录》，人民教育出版社，1985。

师：回答得很好。（示意学生坐下）大家都听到了，用不着我来重复一遍。那个不设防区，叫莱茵不设防区。德国如此疯狂扩军备战，英、法、美这些国家对德国抱的是纵容态度。请哪位同学举些事实说明这个问题。（学生举手）

生：美国帮希特勒生产武器。德国搞义务兵役制，还把军队开进不设防区，这都是违反那个叫凡尔赛协定的，英国、法国不管，不反击。

师：对！请坐。（指定学生）某某同学，请你来做补充。

生：1936 年，德国、意大利出兵侵入西班牙，英国、法国、美国也不管。这也是纵容希特勒侵略嘛！

师：好！（示意学生坐下）下面，请同学们再来回答这个问题：英、法、美为什么要纵容德国侵略呢？（学生举手）

生：它们想缓和跟德国的矛盾，它们还想使德国去打苏联。

师：很好！请坐。这就是它们纵容德国侵略的主要原因。

（以上 4 分钟）

师：今天，我们接下去讲 1938 年到 1939 年 9 月，第二次世界大战爆发前这段时间里欧洲的情况，课题叫《第二次世界大战前夕的欧洲》。（板书：第二次世界大战前夕的欧洲）请同学们注意，（指板书上"前夕"两字）我重复一遍，这个"前夕"就是指 1938 年到 1939 年 9 月以前这段时间。在前一节课后，我发给你们一份我们自己编的有关这节教材的补充材料。你们都已看过了吧！现在，请同学们把这节教材所讲的主要问题点出来。（指定学生）某某同学，请你来讲。

生：主要讲慕尼黑阴谋，绥靖政策的破产，英法同苏联的谈判，苏联同德国签订了互不侵犯的条约。

师：请坐！基本上讲对了，有一点答得不够确切。在这里，"绥靖政策的破产"，具体就是指《苏德互不侵犯条约》的签订，因此，把"绥靖政策的破产"跟《苏德互不侵犯条约》的签订并提，那就不合逻辑了。这节教材包括这样三个问题：慕尼黑会议阴谋，英、法、苏谈判和《苏德互不侵犯条约》。

好！现在我们来谈第一个问题：慕尼黑会议。这次会议是 1938 年 9 月在慕尼黑举行的。慕尼黑是德国的一个城市。（板书：慕尼黑会议（1938 年 9 月））这次会议是在怎样的历史条件下举行的！也就是说，当时的背景是怎样的！（板书：背景）（学生举手）

生：当时，欧洲的形势很紧张。1938 年 3 月，德国吞并了奥地利。接着就想侵略捷克斯洛伐克了，要想霸占那苏台德区。英国、法国、美国仍旧纵容希特勒侵略，想使希特勒去打苏联。

师：好！请你把当时捷克斯洛伐克的情况讲一讲。

生：捷克斯洛伐克政府受到英国、法国的压力，不敢抵抗德国的侵略。

师：请坐！刚才这位同学全面地谈了慕尼黑会议的背景。下面，我来作些具体说明。德国，这个法西斯国家在吞并了奥地利后，又把魔爪伸向了捷克斯洛伐克，要求兼并捷克斯洛伐克的苏台德区。（板书：德　要求兼并苏台德区）苏台德区在捷克斯洛伐克的西北部，补充材料上的小地图标出了这个地方，你们看到了吗？我们还画了一张较大的地图，（出示：《德国法西斯扩张图》）是某某同学画的，他花了不少时间，得感谢他。希特勒为了侵占苏台德区，他找了一个借口。什么借口呢？原来苏台德区居住有 250 万德意志少数民族，希特勒就以德意志人应"重返"德国为借口，要求兼并苏台德区。先是唆使他在捷克斯洛伐克的法西斯党徒制造所谓的苏台德区德意志人的"自治"运动，这"自治"我们给打上引号，并不是真的要自治，实际上是要从捷克斯洛伐克分裂出去，由德国来统治。后来，希特勒就赤裸裸地提出了兼并苏台德区的要求。在这里，有必要讲清楚希特勒的这个借口——苏台德区德意志人应"重返"德国，是毫无历史根据的。事实是，在中古时期，苏台德区德意志人的祖先已定居在捷克的土地上，他们世世代代住在这里，他们在历史上从未归属过德国，也就是说，跟德国是"不搭界"的——跟德国是毫无关系的。希特勒的这个讲法：是德意志人居住的地方，就该由德国来管辖，这真是十足的强盗逻辑！

刚才某某同学讲了英、法、美纵容德国侵占苏台德区，它们是怎样纵容的呢。一方面，它们同意德国兼并苏台德区。（板书：英、法、美 同意德要求）英国首相张伯伦先是公开表示英国赞同让苏台德区"自治"。后来，他们又表示他不反对苏台德区并入德国。课本上提到 1938 年 9 月 15 日、22 日，张伯伦两次飞往德国去和希特勒会谈，故意制造紧张局势，似乎世界大战一触即发，非满足德国的要求就不能"拯救世界和平"。1938 年张伯伦已 69 岁了，他从来没有坐过飞机，那时候，坐飞机是要冒些风险的。但为了跟希特勒妥协，张伯伦也就不顾年老、冒了风险坐上飞机去拜见希特勒，也真是够"积极"的啦！法国原来同捷克斯洛伐克订有互助条约，一旦德国发动战争，法国要支援捷克斯洛伐克。但是法国政府却食言背约，它秘密告知希特勒，它要尽力摆脱为捷克斯洛伐克作战的义务。美国呢？它表示"谅解德国对捷克斯洛伐克的要求"。英、法、美一方面同意德国兼并苏台德区，另一方面则给捷克斯洛伐克施加压力。（板书：对捷施加压力）是怎样压的呢？请看：英、法两国政府通知捷克斯洛伐克，要它对德国作出最大的让步，并警告说，如果不把苏台德区让与德国，就要负"挑起战争的责任"。噢！谁要是抵抗侵略，谁就是挑起战争，这就是张伯伦、达拉第之流的强盗逻辑。当时捷克斯洛伐克的政府是个资产阶级政府，它反共反人民，经英、法一压，也就屈服了。（板书：捷 屈服）它的总统贝奈斯哀叹："我们被卑鄙地出卖了！"也就是被英、法出卖了。

以上我们讲了（指板书）德国要求兼并苏台德区；英、法、美同意德国的要求，并对捷克斯洛伐克施加压力；捷克斯洛伐克终于屈服。这些，就是慕尼黑会议召开的历史背景。

下面，我们来看看慕尼黑会议举行的情况。会议于 1938 年 9 月 29 日在德国慕尼黑举行，出席会议的有英、法、德、意四国政府的首脑张伯伦、达拉第、希特勒、墨索里尼。这次会议就是要解决把捷克斯洛伐克苏台德区割给德国这样一个问题。请同学们注意，在这样的会议上，竟没有捷克斯洛伐克的代表在场。捷克斯洛伐克的代表是到了慕尼黑的，但却被关在会议门外，坐在一个小房间里，就像犯人一样在等待判决。这次会议从 29 日下午开起，到深夜就开完了，用了不到十个小时。会议之所以开得这样快，这是由于事先他们已经作了多次会谈，做好了准备。会议开下来，英、法、德、意四国政府的首脑签订了一个关于把苏台德区割让给德国的协定，这就是臭名昭著的《慕尼黑协定》。（板书：《慕尼黑协定》）协定规定，捷克斯洛伐克在苏台德区的军队应在 10 月 1 日开始撤退，于 10 月 10 日完成撤退。当四国政府首脑在这个协定上签字后，他们才把捷克斯洛伐克的代表从小房间里叫出来，听取这个协定，不允许提出任何异议，这就像听取终审判决。这是多蛮横的一幕呵！捷克斯洛伐克政府就在德国限定的六小时内，接受了《慕尼黑协定》。就这样，捷克斯洛伐克失去了三分之一的国土（指图），360 万人口，二分之一的经济资源，丧失了稳固的国防线（指图）。这真是一个极其凶恶的协定！

关于慕尼黑会议这部分内容，我们课本上所列的小标题是"慕尼黑阴谋"。请同学们想一想，为什么说这次会议是个阴谋呢？英、法等国擅自做主把捷克斯洛伐克的苏台德区割给德国，它们是签订了协定的，公开的，怎么说是阴谋呢？（在原板书《慕尼黑协定》之后，板书：及其阴谋）请同学们来谈谈，理解一点就讲一点也很好嘛！（指定学生）某某同学，你先谈。

生：英、法让德国占领苏台德区，它们想使德国去打苏联。

师：对！请坐。（指定学生）某某同学，请你来补充。

生：让德国去打苏联，英国、法国想得到好处。

师：（追问）英、法怎么会得到好处？

生：德国跟苏联打起来，英国、法国就假装出来调和，就可以得到很多好处。

师：英国、法国加上美国是想让德国和苏联打起来，它们从中得到好处。但你说英国、法国就假装出来调和，这个讲法不够完整。请坐。同学们可注意到，课本第 201 页第二段第二行到第六行这几行课文，就是揭露慕尼黑会议的阴谋的。现在，我们一道来朗读这几行课文，读得慢一点，响亮些。开始。

师生（集体）：（齐声朗读）"它们企图用牺牲捷克斯洛伐克的办法，缓和它们和法西斯德国为重新分割世界而引起的矛盾，并推动德国去进攻社会主义国家苏联，使作战双方互相消耗，然后自己出面干涉，坐收渔人之利。"

师：好！就朗读到这里。于此可见，英、法、美出卖捷克斯洛伐克，（板书：出卖）它们是有险恶用心的。这就是：缓和它们和希特勒之间的狗咬狗的矛盾；（板书：缓和矛盾）把德国这股祸水引向苏联，你们看地图（指图），捷克斯洛伐克的东边不就是苏联吗？（板书：祸水东引）再说，它们打着如意算盘，指望德苏打得两败俱伤，它们坐收渔人之利。（板书：坐收渔人之利）英、法、美心底里想得多美呵！上面讲的，（指板书）英、法、美出卖捷克斯洛伐克，以缓和它们和希特勒之间的矛盾，把德国这股祸水引向苏联，它们坐山观虎斗，收渔人之利。这些，就是英、法、美的险恶用心，就叫慕尼黑阴谋。慕尼黑大叛卖的丑史为世界人民提供了一份典型的反面教材。后来人们把大国霸权主义、帝国主义牺牲和出卖他国利益的奸险行为，痛斥为"慕尼黑阴谋"。在下面第三节的教材里，我们还要讲到"远东慕尼黑"，那就是美国想牺牲中国，来和日本妥协，造成反共反苏的局面。关于"慕尼黑会议及其阴谋"，我们就讲到这里。

　　下面，讲一讲当时捷克斯洛伐克如果抵抗德国侵略，是有很多有利条件的。当时，捷克斯洛伐克能动员 45 个师的兵力，装备精良，而且训练有素。我们小的时候常听到人家讲起"捷克式步枪""捷克式机枪"质量好。德国方面呢？用于进攻捷克斯洛伐克的军队是 39 个师，实力并不雄厚。捷克斯洛伐克是有力量抵御的。再说，在慕尼黑危机期间，苏联准备在西线进行干预，要把 30 个步兵师和 1 些骑兵师调往西部边境地区（指图）。斯大林还请捷克斯洛伐克共产党的领导人转告总统贝奈斯：如果捷克斯洛伐克自己准备抵抗并请求援助，苏联将给予军事援助。还要特别提到的是，捷克斯洛伐克的人民大众是要求抵抗的，是不愿做亡国奴的。这是一个十分重要的有利条件。这样看来，即使捷克斯洛伐克的盟友不承担义务出兵，捷克斯洛伐克还是足有力量抵御德国的侵略。但是，当时捷克斯洛伐克的政府是个反共反人民的资产阶级政府，它不肯依靠本国的力量，更不敢发动群众，也不愿向苏联求援，这样也就没有力量抵御，加上英、法、美的压力，它很快就屈服了，不战而降啰！

　　签订了《慕尼黑协定》，英、法、美很满意，它们那副高兴劲儿，照我们上海人的讲法真是"勿谈了"——真是无法形容了。补充材料上写到了这方面的内容，请同学们具体讲讲。（指定学生）某某同学，你讲吧！

　　生：慕尼黑会议后，张伯伦连连打着哈欠，有人问他是不是很累了？他回答说：是很累了，但是累得很舒服。

　　师：嗯！法国、美国表现怎样？

　　生：慕尼黑会议后，达拉第回到巴黎时，那些绥靖主义者到机场迎接，他们高呼"达拉第万岁！""和平万岁！"美国总统罗斯福赞扬《慕尼黑协定》的签订"使天下人心大慰"。

　　师：答得对！请坐。它们多么满意呵！那个张伯伦在《慕尼黑协定》签订后的几个小时，还同希特勒签订了《英德声明》，宣称"彼此将永不作战"，"决心以协商办法"解决一切争议问题。张伯伦以为有了那个《慕尼黑协定》和这个《英德声明》，英、法之间的矛盾会缓和，祸水会冲向苏联，他的阴谋将得逞了。当他回到伦敦，一下飞机，就在机场向人们使劲地挥舞着那张《英德声明》，并说什么我们开了这个会，赢得"整整一代的和平"，"这是我们时代的和平"。

　　再来看看慕尼黑会议后希特勒的表现吧！课本上提到希特勒在慕尼黑会议前，曾宣称兼并苏台德区是他在欧洲的最后一项领土要求。但这是假话，希特勒的野心大得很呐！通过慕尼黑会议，希特勒更看清了英、法是软骨头，他把英、法比之为"小蛆虫"，是何等蔑视呵！希特勒的侵略气焰更嚣张了。慕尼黑会议后的五个月，也就是 1939 年 3 月，希特勒把整个捷克斯洛伐克都吞并了，接着，又把矛头指向英、法的盟国波兰。

　　（以上 27 分钟）

　　《慕尼黑协定》震动了全世界，全世界人民坚决反对这个协定。英、法帝国主义在这样的形势下，不能不考虑要掩盖一下自己的丑恶面目，欺骗世界人民。于是，就在 1939 年 4 月，去找苏联谈判，假意表示它们要阻挠希特勒侵略。这就是我们这节课里要讲的第二个问题：英、法、苏谈判。（板书：英、法、苏谈判）

英国、法国在谈判中的表现可狡猾呐！（板书：英、法狡猾）谈判中，英、法提出受英、法保护的国家当遭到侵略时，苏联要给以帮助，保证它们的安全，但英、法不肯保证苏联西北波罗的海沿岸立陶宛、爱沙尼亚、拉脱维亚三个国家的安全（指图）。这也就是只要求苏联单方面地承担义务，而且等于暗示希特勒，你可以通过波罗的海沿岸的这三个国家去进攻苏联。同学们，你们可看出英、法是多狡猾，这个谈判的本身也是英、法的一场阴谋呵！

苏联呢？它在谈判中是有诚意的。（板书：苏联诚意）苏联提出中欧、东欧一切国家凡是受到侵略，苏联和英、法都要保证支援。这也就是说，受英、法保护的国家遭到侵略，苏联保证支援；苏联邻邦遭到侵略，英、法也要保证支援。这个提案真正体现了维护和平、制止侵略战争的精神。这是很合情理的嘛！结果呢？英、法不接受这个提案。在讨论到具体问题时，苏联代表团声明，一旦战争爆发，苏联准备出动 136 个师、5000 门中型和重型大炮、1 万辆坦克、5500 架轰炸机和歼击机到前线。真是很大的气魄！然而英国代表团却说，英国只能派出 5 个步兵师和 1 个机械化师。好家伙！加起来才六个师，只等于苏联 136 个师的一百二十二分之一。（哄堂大笑）简直是在开玩笑啦！你们想，这怎么能谈得拢呢？不久，谈判终于破裂了。

（以上 4 分钟）

就在这个谈判破裂的当口，发生了一件事，这是英、法、美所没有预料到的。什么事呢？那就是德国主动向苏联提出签订互不侵犯条约的建议。希特勒反苏反共，怎么又会主动要求跟苏联签订互不侵犯条约呢？请同学回答这个问题。（指定学生）某某同学，请你来谈。

生：希特勒已看出英法较弱，想集中力量先打英法，所以想跟苏联订这个互不侵犯条约，这样可以不在两个方面打。苏联力量强大，希特勒有些害怕。

师：答得好！请坐。德国的这个建议，苏联同意了。于 1939 年 8 月同德国签订了《苏德互不侵犯条约》。（板书：《苏德互不侵犯条约》的签订（1939 年 8 月））以斯大林为首的苏联政府，为什么竟会同法西斯德国签订这样一个条约的呢？请同学看课文第 203 页第三段中的两个"为了"。（朗读）"为了粉碎英、法、美推动德国进攻苏联，而它们自己'坐山观虎斗'的阴谋，为了推迟苏德战争的爆发，以便赢得时间加强战备。"（稍停）

当时，毛主席对这个《苏德互不侵犯条约》的签订给予了很高的评价。请看课本第 203 页末了四行。毛主席说，这个条约的签订"是苏联社会主义力量增长和苏联政府坚持和平政策的结果"，打破了张伯伦、达拉第等国际反动资产阶级挑动苏德战争的阴谋，打破了德、日、意反共集团对于苏联的包围。

《苏德互不侵犯条约》的签订，打破了英、法、美等挑动苏德战争的阴谋，它们想祸水东引，结果引不过去，它们的绥靖政策终于破产了。（板书：——绥靖政策的破产）不久它们还自食其果，祸水引到了自己的身上。这是怎么一回事呢？那就是在《苏德互不侵犯条约》签订后的第九天——9 月 1 日，德国对英、法的盟友波兰进行了突然袭击，英法没奈何，也只好对德宣战了。这不是叫恶有恶报，"搬起石头打自己的脚"嘛！

这里，我讲一件小事。张伯伦不是讲过嘛，《慕尼黑协定》赢得了"整整一代的和平"，法国绥靖主义者不是高喊过"和平万岁"嘛！当时，有个新闻记者曾带着讽刺的口吻说，你张伯伦活着的时候能保住和平已经不错啦！这实际上就是说，和平保不住几年，因为张伯伦已六十九岁了，还能活多久呐！结果这个记者的话也还是讲过了头，张伯伦连活着的时候和平也没有保住。1939 年 9 月打起来了，德国的战机像一堆乌云那样经常出现在英国上空。这时候，张伯伦还活着呐，他是在 1940 年死去的。这不是张伯伦在死去之前和平也没有保住嘛！（笑声）《慕尼黑协定》是在 1938 年 9 月底签订的，结果是一年和平也没有保住，和平连一岁也没有，别讲是"整整一代的和平"了，更谈不上什么"和平万岁"了。历史是如此无情地对张伯伦之流的绥靖政策作了辛辣的讽刺。

盖棺论定，张伯伦之流被历史证明了是个损人害己的小丑，这是帝国主义的本质所决定的。毛主席说过："张伯伦以损人的目的开始，以害己的结果告终。这将是一切反动政策的发展规律。"

（以上 8 分钟）

这节课就讲到这里。主要讲了（指板书）慕尼黑会议及其阴谋、英、法、苏谈判和《苏德互不侵犯条约》。学习了这些内容，我想请同学在课外书面回答一个问题：为什么说慕尼黑会议是个大阴谋？从这份反面教材中，我们可以吸取哪些历史经验？（学生笔录于练习本，教师把题目复述了两遍）毛主席讲过，历史的经验值得注意。请同学们联系实际，好好地思考这个历史经验。

最后，有点说明。课本上对苏联签订《苏德互不侵犯条约》的行动是全盘肯定的，我也认为是应该肯定的。但对这个条约也有不同的看法，有的认为不好全部肯定，有的认为利少弊多等。（下课铃响）

（以上 2 分钟）

如果同学对这个问题感兴趣，可以到我的办公室来看材料。关于慕尼黑会议的前前后后的情况，我已经在"历史之窗"里陈列了一些材料，你们在课后可以去看看。

好！下课。

（板书略）

案例2　第一次世界大战

上海中学　孔繁刚

这里附录的是孔繁刚先生 1992 年的一节课。孔先生的课虽然一贯"以讲为主"，但仍在不同时期呈现出不同的具体风格。这是一节战争史课，或许称不上他的代表作，更算不上他 40 年教学生涯中最出色的作品，但却保持了他的一以贯之的特点，而且具有他在处理战争题材上的特殊技艺。读者在阅读时，可注意以下几点：

1. 这节课中频繁出现数字。请注意使用这些数字和改用描述性语言（如"大量""很多"等）在课堂中可能造成的差别。

2. 高屋建瓴是"孔派"的一个重要特征。这节课的导入部分先是一般地谈到战争，再以学生已经知道的拿破仑战争、克里木战争等作为世界大战的衬托，最后对第一次世界大战进行全面的描述。这就不同于一般的复习旧课引入新课，而是将新旧知识从一开始就融入到一个宏观框架中。这正是他的教学风格之所在。

3. 请注意教师对偶然性和必然性的辨析。

4. 参照 10 年之前吕登来的课例，可以比较这两种讲授风格的差异。

师：在人类历史上，自从私有制和阶级产生起就有了战争，少说也有五六千年了。但是世界大战，即具有影响整个人类社会的总体性和牵动全球的世界性战争，这是本世纪的事，短短的二三十年里打了两次世界大战。

师：今天我们上第十九章《第一次世界大战》。（板书）

在世界历史上也曾经发生过像拿破仑战争、克里木战争等多边国际战争，就规模而言，都不能同现代世界大战相比。第一次世界大战从 1914 年 8 月到 1918 年 11 月，（板书）历时四年又三个月，战火席卷欧、亚、非三大洲，参战的国家和地区达 34 个（欧洲 14、亚洲 6、美洲 10、非洲 2、澳洲 2），双方动员的兵力达 889 个师，共计 7400 万人，受战祸波及的人口在 15 亿以上，约占当时世界人口总数的 75％。战争中耗费了大量的钢铁、石油、铜铅……使用了最新科学技术武装起来的最新式的战斗武器：飞机、潜艇、毒气、坦克、鱼雷，还有射程达 120 千米、炮筒相当于 12 层楼房的远射程巨炮，也有口径为 420 毫米、炮弹重 1 千克的榴弹炮，还有排水量达 2 万千克，备有 12 英寸大炮 12 门的"无畏舰"……（停顿）而引起这一场人类之间的空前相互残杀，则是大家熟知的……

生：（接上）萨拉热窝事件。

师：一、大战的爆发与性质。1. 导火线：萨拉热窝事件（1914 年 6 月 28 日）。（板书）

生：（萨拉热窝事件在初中历史教材中已经讲过，因此教师请学生叙述。略）

师：（展示一幅大战前夕的欧洲地图）萨拉热窝事件发生后，欧洲的两大军事集团像服了兴奋剂一样，立即活跃起来，开动了战争机器。

师：2. 帝国主义挑起大战。（板书）6月29日，奥匈帝国即下了军事动员令，外交大臣说："现在是到了解决塞尔维亚问题的时候了。"德皇威廉二世狂吠："这是千载难逢的机会！""天赐良机。"德皇鼓励奥国大使："对此不必踟蹰"，"要么立即清算，要么永远不干！"与此同时，俄、法公开支持塞尔维亚，并表示将履行协约国义务。英国表面取中立态度，令德国捉摸不透，背后却支持法、俄采取强硬态度。

师：7月23日，奥匈帝国在德国的支持下向贝尔格莱德发出限48小时内答复的最后通牒，条件之苛刻使塞尔维亚无法全盘接受。7月28日，奥匈帝国正式向塞尔维亚宣战，并攻击贝尔格莱德（教师将参战标志逐个边讲边贴到地图的相应位置上）。7月30日，俄国宣布全国总动员。德国当即要求俄国取消动员，并要求法国在未来的冲突中保持中立，想不到两国都置之不理，于是8月1日德国向俄国宣战，接着又于8月3日捏造法国飞机侵犯德国领空，向法国宣战。8月4日，德国破坏比利时中立，进攻比利时与法国。当天英国便以承担保护比利时中立的义务为借口向德国宣战。8月6日奥匈又向俄国宣战。至此第一次世界大战就从巴尔干开始迅速蔓延到整个欧洲，战争全面爆发了。到8月下旬，日本提出要求占领德国在中国山东的权益遭到拒绝向德国宣战；11月，土耳其参加同盟国方面作战，战争越出了欧洲范围。原属同盟国的意大利在战争开始持观望态度，后来权衡双方力量对比，又从英、法、俄那里得到领地诺言，于1915年5月倒过来参加协约国方面作战。陆续参战的还有同盟国方面的保加利亚和协约国方面的葡萄牙、罗马尼亚、美国、希腊、中国、印度等，大战的范围愈益扩大了。

师：为什么萨拉热窝一点火星（一次谋刺事件）会燃起一场世界大战的熊熊烈火呢？这是偶然的吗？

生：（教师根据学生的回答整理成板书）

师：萨拉热窝事件是在帝国主义两大军事集团争夺世界霸权与重新瓜分殖民地的深刻历史背景下发生的，这就不可避免地会导致世界大战。帝国主义存在一天，战争危险就存在一天。

师：为什么战火首先从巴尔干半岛燃起呢？

生：巴尔干半岛是帝国主义国家争夺的焦点和欧洲的火药库。

师：对。巴尔干半岛战略位置重要，弱小民族多，在列强林立的欧洲，它被人称为"柔软的下腹部"。这里既有长期以来在土耳其统治下各国人民争取与捍卫民族独立的斗争，又有奥国、俄国、意大利、德国、英国争夺权益的斗争，两类不同性质的矛盾错综复杂地交织在一起，盘根错节，成为国际冲突的症结。在导致两大军事集团形成的三个中心环节中，两对（编者按：法德、英德矛盾）只涉及双边关系，只有巴尔干问题上涉及多边关系，集中了帝国主义国家之间的矛盾，特别敏感，这里任何政治变动都会影响到整个欧洲以至世界形势的波动，所以战争从巴尔干开始也就不是偶然的了。（在上述板书中再加上"巴尔干危机"）

师：那么，战争为什么发生在1914年？巴尔干地区在1908年有波斯尼亚危机，在1912年和1913年又发生过两次战争，几乎打起来，但后来局势都缓和下来了，为什么这次一发而不可收拾呢？

生：我想可能同两大军事集团扩军备战的势头有关。

师：我认为其中确有一定偶然性。当初德奥以为战争可能是"局部化"，这主要是出自德皇威廉二世对于英、法的决心和实力估计错误，而采取了武力实现意图的选择。历史进程中如果没有偶然也就不成为历史了。然而它确也有必然性，正如那位同学说的同两大军事集团的扩军备战有紧密联系，双方已经到了剑拔弩张地步，尤其是德国"一切准备就绪"。至1913年，德国拥有先进技术装备的现役军队76万，1914年又扩展到87万，拥有391艘战舰，是世界第二位海军强国，沟通波罗的海与北海的基尔运河也已经开阔疏通，便于增强海军的战斗力与机动性。克虏伯军工厂又造出了口径420毫米威力极猛的大炮。德军总参谋长小毛奇说："我们已经准备好了，战争越快越好。"（教师在板书中再加上"扩军备战"）

师：正是由于以上原因，所以萨拉热窝事件这根导火线的点燃，集中着帝国主义国家间矛盾的巴尔干地区就像火药库一样爆炸了，世界列强一个又一个被卷进了大战的漩涡。

师：大战爆发了，成千上万的群众被武装起来送上了前线，抛进了战火。但究竟为什么而战呢？

师：3. 大战的性质。（板书）当时第二国际的领袖纷纷号召本国工人阶级与本国资产阶级合作，"反对侵略""保卫祖国"，在国会投票中赞成增加军事拨款。而列宁却提出要使本国政府在战争中失败，"变帝国主义战争为国内革命战争"。在德国社会民主党内，李卜克内西、卢森堡等少数派也坚决反对德国军国主义，指出主要敌人在国内。

师：这就涉及对战争性质的认识。决定战争性质的主要依据是什么呢？

生：看主要参战国的参战目的。

师：对。下面请同学们逐个说一说主要参战国的参战目的是什么。

生1：对于德国来说，首先是进一步侵吞邻国疆域，建立庞大的"中欧帝国"，继而打垮英国在海上的垄断地位，夺取英、法等国在海外的殖民地和势力范围。

生2：奥匈帝国要求吞并塞尔维亚，奴役巴尔干。

生3：英国希望保住世界霸权地位，夺取更多的海外殖民地。

生4：法国是为了"复仇"，它除了要夺回阿尔萨斯、洛林外，还想进而侵占德国的萨尔煤铁矿区，重新确立它在欧洲大陆的盟主地位。

生5：俄国企图摧毁德、奥在土耳其和巴尔干等地区的势力，确立自己在这些地区的强权地位，妄想建立一个从地中海、黑海到太平洋的浩瀚的"斯拉夫帝国"。

生 6：日本想乘此机会夺取德国在中国胶州湾和山东的权益，扩大对中国的侵略，称霸东亚。

生 7：意大利经观望，并从英、法、俄那里取得领土诺言才参加协约国方面作战，显然它也有领土扩张的野心，并进而建立在地中海的霸权。

师：以上各国参战目的表明，这一场战争对于双方来说都是非正义的、掠夺性的帝国主义战争。有没有例外的呢？

生：塞尔维亚……

师：还有比利时等为保卫国家主权与独立，被迫投入战争，尤其是塞尔维亚还具有争取民族解放的性质，但这些只是局部性的，不能改变整个战争的非正义性。（板书：帝国主义的掠夺性战争）

师：这种在资本主义进入到垄断阶段后，世界领土已经瓜分完毕的情况下，为了争夺世界霸权，并重新瓜分殖民地和势力范围的帝国主义战争，无论从规模或性质上讲，它都是真正的世界大战。

师：下面讲：二、大战的进程。（板书）在讲述战争进程以前，我先请同学们考虑一下双方如何利用自己的优势和对方的弱势制订战略方针，尤其是替德国设想一下。

生：（众说纷纭，但基本思想一致：即德国要避免东西两线同时作战。其中也有个别同学提出应先打弱敌俄国，再打强敌法国；而英、法、俄相反，一定要东西两线同时发起进攻。教师对于同学们认真思考的精神予以肯定）

师：德国对这场战争在军事上准备远比协约国充分，早在 1905 年，德国参谋总长就制订了一个以他的名字命名的速战速决战略计划——"史里芬计划"。（板书：德国战略构想：速决战）计划中开始东线取守势，只用 9 个师对付俄国，集中 78 个师放在西线进攻法国，而其中德、法边境只放 8 个师称"铁砧"，防止法国出击，用 70 个师德兵力作"铁锤"破坏比利时中立，越过法国北部，沿着海岸推进，强渡塞纳河，从西南方向包抄巴黎，争取在东南方向会同"铁砧"歼灭法军，估计前后仅需 6 周时间。然后挥师东进，会同奥军用三四个月的时间打败俄国，结束战争。制订"史里芬计划"的前提是俄军动员迟缓，比利时无力抵抗，法军不堪一击，英军不会立即参战。执行其计划的关键是集中庞大兵力，迅速从右翼战胜法军。史里芬在临死时叮嘱："切莫削弱我的右纵队。"

师：至于英、法、俄方面并无周密计划，法、俄只是部署东西联合夹攻，法国的防御重点放在德、法边境，英国则把重点放在海上控制制海权。（稍停）战争爆发后的实际进程怎样呢？

师：第一次世界大战是世界范围的战争，战场除欧洲外，还有南高加索、巴勒斯坦、两河流域、非洲、中国山东、广阔海域，但主战场在欧洲。

师：2. 欧洲的三条战线。（板书：同时展示一幅《大战形势图》）

师：(1)西线在比利时、法国北部、德法边境，那里法军、英军同德军交战；(2)东线从波罗的海延伸到罗马尼亚，是沙俄对德奥作战战场；(3)南线也称巴尔干战场，德奥同塞尔维亚交战。其中起决定作用的是西线与东线，尤其是西线战场。

师：但是大战前夕，在东部容克地主和西部萨尔、莱茵区工业垄断资本家的压力与要求下，德国参谋总长小毛奇修改了"史里芬计划"中的军队配置。德军在西线主攻方向减少到59个师，而在西线左翼增加到15个师，另外东线又新增了两个师团。

师：3.1914—1916年战况（板书）

师：（板书：①1914年）战争开始，德国以为沙俄要40天才能动员集中兵力，而通过比利时只需3天，解决法国不过4～6周，然后挥师东进，3个月打败俄国。德皇狂妄地许诺战士们："叶落之前返回故乡。"

师：真是气焰……

生：嚣张。

师：盲目……

生：乐观。

师：8月4日德军进攻比利时，想不到在列日一带受到了顽强的抵抗，德军动员了420毫米的攻城榴弹炮轰击，才将12座炮台夷为平地。当德军在毛奇指挥下花了18天时间挫败比利时境内的英、法联军，越过法、比边境进入法国时已是8月下旬，眼看通往巴黎的道路已经敞开，最近处离巴黎仅16千米，法国首都已迁往波尔多，但是德军已无足够兵力从西南方向包抄巴黎。而这时法军总司令霞飞已在马恩河和塞纳河之间重新配备了包括英军在内的兵力。9月上旬，双方展开了共投入150万兵力的马恩河大会战。（板书）经过四天四夜的消耗战，在200千米的战线上，法军伤亡14万人，德军伤亡22万人。

师：这样，德军不得不退守安纳河，它的进攻被遏止了，法军保住了巴黎。霞飞说："马恩河之战以确定无疑的胜利而告结束。"德军的速决战略破产了，战士们进入了战壕，前面架起了铁丝网，战争转入了旷日持久的阵地战。（板书）小毛奇向德皇哀叹："陛下，我们已输掉了战争！"德军注定要在东西两线同时作战，小毛奇被撤职，法根汉取而代之。

师：当德军集中兵力在西线执行速决战略时，俄国人却以出乎预料的速度动员起来，并开进东普鲁士，在贡比嫩打败德军，把德国人的后备力量从西线吸引到了东线，减轻了西线的压力。然而俄军数量虽多却素质差，战士中文盲多，指挥混乱，军备也差，三人使用一条枪，每门炮一天只能发一二发炮弹。当德军在老迈持重的兴登堡和精明能干的鲁道夫指挥下，利用俄国的两个集团军互不联系空出100多千米的间隙，在马祖尔湖畔一个反击，俄军一下子就损失了25万，指挥官也兵败自杀，军队后撤，德军进入了俄国境内。（板书）然而德军也没有足够兵力来扩大战果，同时在东线南部加利西亚地区，俄军大败奥军，进至喀尔巴阡山麓。至年底，双方进入了近似阵地战的对峙状态。（板书）战争超出了人们的预料，将无休止地继续下去。

师：（板书：②1915年——以东线为主）1915年，德军将攻击重点从西线移到东线，（板书）打算占领俄国大片领土，迫使它退出战争，然后再回过来集中力量对付英、法两国。这一年夏天，兴登堡集中了18个师、1400门野炮、1000门重炮，向俄国发动了强大的攻势。俄军全线崩溃，向后撤了200英里，防线退至里加湾至德涅斯特河，俄军伤亡 80 万，被俘近百万。但是俄国幅员辽阔，交通不便，气候寒冷，德军不敢深入腹地，因此它虽然胜利了，但战略目标却没有实现。(板书)俄国没有退出战争，德国不得不继续在东西两线同时作战。

师：(红字板书：③1916 年——决定性的一年)1916 年，德军又把战略重点转回到西线。在法根汉看来，击败法国，也就打掉了"英国手中最好的剑支"，同时俄国也失去了财政、军火支持，将不战自败。年初，德军又调兵 50 万到西线，攻击点选择在法军防线的突出部凡尔登。(板书)凡尔登人口不过 1.4 万，离巴黎仅 84 千米，离德国铁路系统才 75 千米，是法国最大的军事要塞，居高临下，形势险要，易守难攻，被称为"法国东方的门户""巴黎的钥匙"。德军参谋总长法根汉决定猛攻凡尔登，吸引法军来援，使凡尔登成为"碾碎法军的磨盘"，"使法军把血流尽"。在凡尔登外围战役中，德军集中了 27 万精兵，调集了 1400 门大炮，还有快速炮和 420 毫米的榴弹炮。而此时法军总司令霞飞却把防御重点放在左翼，并且不断地将凡尔登的军事力量和大炮调往左翼。这样法军在战斗开始时只剩下 4 个师，不到 300 门炮，处于绝对劣势。战斗从 1916 年 2 月 21 日开始，德军以每小时 10 万发的炮火一下子向凡尔登北面 22 千米的前沿防区倾泻了 200 多万发炮弹。凡尔登的前沿阵地被攻破了。这时贝当将军被任命为凡尔登战役的总指挥，他发出了"鼓足勇气，抓住敌人"的命令，在组织抵抗的同时，修复公路，调集了近 4000 辆卡车昼夜向前线运送部队与军火，平均每 14 秒就有一辆抵达前线，一天一夜达 6000 辆次。这条道路被称为"神圣道路"，在一个星期内，通过它送来了 19 万部队、2.5 万千克军火，稳住了法军阵地。战斗一直延续到冬天，法军前后参加过战斗的有全国 70 个师中的 66 个师，德军投入了 46 个师，双方共发射了 4000 多万发炮弹，有的爆破地雷炸成的大坑深达十几层楼房。法军伤亡 55 万，德军伤亡 45 万，凡尔登战役被称之为"绞肉机"。战斗结果，凡尔登仍在法军手中，德军战略目标又未实现。

师：为了牵制德军，以英军为主的协约国军队在 1916 年 7 月发动了规模更大的索姆河战役。(板书)担负主攻任务的英军，仅一个白天就在德军防地上留下了 6 万多伤亡的士兵。战斗中英军首次使用了坦克。战斗结果，协约国夺回了 180 平方千米的土地，但付出了 62 万人的代价，德军也损失了 60 万。

师：两个战役都是在极狭小地带投入几百万军队互相厮杀，双方共伤亡 200 多万，然而战线并没有多大改变。

师：1916 年 5 月底 6 月初，还发生了一场大海战——日德兰海战。(板书)开战以来，德国海军一直被英国海军封锁在北海内。为了打破被动局面，德国发动了这次大规模海战。战斗中，英国出动了 151 艘战舰，其中主力舰 37 艘；德国出动了 101 艘战舰，其中主力舰 27 艘。战斗结果：从损失看，英国大，英国损失 14 艘战舰，6000 余人，德国损失 11 艘战舰，2500 余人；然而从战略上看，德国仍未打破海上被动局面，英国继续控制着制海权。虽然德国后来发动了无限制潜艇战，但也无济于事。德奥海运全部被封锁，物资日益贫乏，开始陷入困境。

师：综观三年战况，整个战局发展趋势有利于哪一方？

生：协约国。

师：为什么当时急于挑起战争的德、奥方面，在打了三年后形势会对它越来越不利呢？

生：因为德国当初制定的速决战略破产了，它陷入了东西两线同时作战，而且是持久的阵地战。

师：为什么持久的阵地战对德国不利呢？

生：（感到困惑）

师：第一次世界大战是一场大规模的现代战争，它不仅仅是军事力量的较量，更是人力、工业、科技、物资等多方面的较量。

生：（若有所悟）德国虽然在军事上准备充分，在军备上占有一定优势，但是在人力、经济实力等总体上不如协约国，尤其是英国控制了制海权，协约国方面可源源不断得到海外物资供应。

师：对。人力、物力等虽是战争中的潜在因素，但随着战争的推延，它们的作用就显得越来越重要，在这方面优势显然在协约国方面。归根结底，德国失利在于野心与实力不相称。

师：那么三年战争又给人民带来了什么呢？

师：（稍停）一场为了争夺世界霸权、重新瓜分殖民地的战争把多少善良无辜的群众抛入了战场。到1916年底，协约国方面动员了2500万军队，同盟国方面动员了1500万军队。两年半的厮杀已经使双方阵亡600万，伤残1000万。然而战争一时还看不到尽头，当初被军国沙文主义煽动起来的战争狂热情绪熄灭了，人们将冷静下来重新思考：战争还要不要打下去？下一节我们继续讲"十月革命的胜利和大战的结束"。下课。

案例 3　新文化运动

晋元高级中学　周　飞

这里附录的是周飞先生 2012 年的一节课。周飞先生是上海新生代特级教师中的代表人物。他的课融激情与哲理于一炉，又擅长以小见大，尤其对以画入史别有心得。读者在阅读时，可注意以下几点：

1. 经过 20 年的发展，现代多媒体技术已经普及。这节课里使用了大量的日记、油画等材料作为教学素材，但是并没有造成课堂的支离破碎，也没有出现一掠即过的装饰性展示。每一页展示都从不同角度、不同层面支撑住了教学的中心。

2. 周飞先生的语言华丽而有激情，具有非常强烈的个人色彩，也因此产生了独特的课堂感染力。除了语言的华丽，特别显示出叙事功力的还有不落痕迹的转折。

3. 参照吕登来与孔繁刚的课例，体会将小零件与大视野融合后的效果。

师：新文化运动距今已有近一个世纪了，我一直在想，如何能生动再现那一段波澜壮阔的历史场景呢？幸运的是，当年我的学校有这样一位老师，他就是新文化运动的亲历者。他，就是胡适。

他留下了 450 万字的日记，是对那个时代的真实记录，使我们有机会通过一个青年的视角深入了解新文化运动。

我想同学们现在最感兴趣的是：这样一个大学者当年在小学任教时过得怎么样？很遗憾地告诉大家：在有限的记载中，负面的评价居多，可以说，这是他人生中最失意的一段黑色记忆。他对此的说法是："何以堪耶？"

胡适的苦闷难道仅仅是家道中落、校规刻板造成的吗？校史陈列室的一张老照片给了

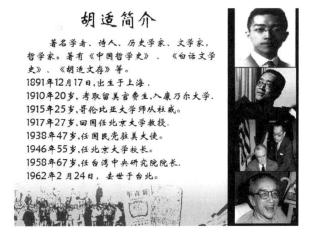

胡适简介

著名学者、诗人、历史学家、文学家、哲学家。著有《中国哲学史》、《白话文学史》、《胡适文存》等。
1891 年 12 月 17 日，出生于上海。
1910 年 20 岁，考取留美官费生，入康乃尔大学。
1915 年 25 岁，哥伦比亚大学师从杜威。
1917 年 27 岁，回国任北京大学教授。
1938 年 47 岁，任国民党驻美大使。
1946 年 55 岁，任北京大学校长。
1958 年 67 岁，任台湾中央研究院院长。
1962 年 2 月 24 日，去世于台北。

"华童公学师生合影"（晋元高级中学校史陈列室）

我启示。

你能从这张照片中得到哪些历史信息？

生：校长是外国的。

师：这位校长的姿态是怎样的呢？

生：傲慢不逊的。

师：对。这张照片生动地折射出了近代中国半封建半殖民地的现状。

正是为了寻求救国救民的真理，胡适来到美国开始了长

达七年的求学生涯，从《胡适日记》当中我们也可以看见，远在大洋彼岸的，二十出头的胡适时刻关注着国内的变化，对这些事件有着详细的记录：

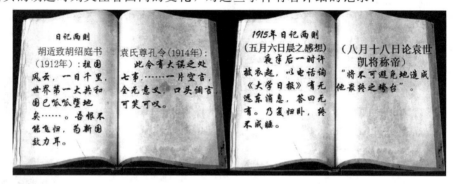

我们看第一组日记，这里的"世界第一大共和国"指的是：

生：中华民国。

师：对。辛亥革命结束了中国两千多年的帝制，创立了亚洲第一个资产阶级共和国。这时的胡适"恨不能飞归"为国效力。从中我们可以看到辛亥革命唤起的巨大希望。可惜，希望很快就破灭了，为什么？

生：袁世凯篡夺了革命的成果。

师：而且袁世凯准备复辟帝制，颁布了"尊孔令"。对此，胡适的评价是"全无意义"，"可笑可叹"。

我们再看第二组日记。1915年是个多事之秋。欧洲国家忙于第一次世界大战，放松了对远东的控制。而这时的日本加紧了在中国的扩张。在这一年里，日本对中国做了什么呢？

生：与袁世凯签订了《二十一条》。

师：这时的胡适为祖国忧心忡忡，所以半夜起来用电话向报社询问消息。而我们知道之后袁世凯终究还是接受了《二十一条》，中国的民族危机越来越严重。到8月，袁世凯图谋复辟帝制的野心大白于天下，对此胡适作出了评价：此事"将不可避免地造成他最终之垮台。"

辛亥革命所唤起的巨大希望与残酷的现实之间形成了巨大的落差。对此，胡适感到苦闷，但又无能为力。

正当远在大洋彼岸的胡适，面对国内发生的事件既感焦虑，又无能为力，在这彷徨苦闷之时，一位中年人踏上了从日本回国的征程，他将吹响震惊国人的号角，他将带来一场风暴。这个人是谁呢？

生：陈独秀。

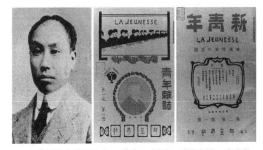

师：陈独秀参加过反清运动，加入过暗杀团，创立了革命组织。辛亥革命的成果被袁世凯窃取的残酷现实，使他越来越感受到：一个没有经历过思想启蒙洗礼的古老民族，即使把皇帝赶下龙廷，新生的共和制度也不可能真正建立起来。因此，欲救亡还须先启蒙。他想到办一份杂志，把

吾国之维新也，复古也，共和也，帝制也，借政府党与在野党
之所主张抵斗，而国民若现对岸之火，熟视而无所动心。

————**陈独秀**

杂志办成思想炸弹，把旧思想、旧文化炸得粉碎，建立起新伦理、新道德、新文化。而年轻人是国家的未来，因而定名为《青年杂志》，后改名《新青年》。陈独秀撰写的《敬告青年》，主张用民主来反对专制独裁，用科学来破除盲从和迷信，就像"舟车之两轮"推动社会的进步，这成为新文化运动的宣言书。光阴飞逝近一个世纪，今天它仍然掷地有声。

但在当时残酷的现实面前，陈独秀发出的呐喊，只在少数知识精英中得到了响应，广大民众还是麻木的。《新青年》发行量很有限，仅仅1000册左右，远远谈不上什么"运动"，也没有影响到太多的青年。陈独秀没有放弃，仍然执著地在黑暗中探索前行。

兼容并包
思想自由
————"北大之父"蔡元培

一年后，几乎同时发生的两件事，改变了《新青年》的命运：

第一件事是"迁址北京"，《新青年》站上了全国性文化舆论高地。

这要归功于蔡元培先生的"兼容并包，思想自由"的办学思想。在蔡先生思想指引改造下的北京大学出现了群星璀璨、名师云集的盛况。

16位当时最优秀的学者来

北大的钟声
（又名:宽容）
沈嘉蔚1988年
中国历史博物馆

刘师培、黄侃、
沈尹默、陈独秀、
胡适、朱希祖、
辜鸿铭、马叙伦、
蔡元培、李大钊、
马幼渔、鲁迅、
周作人、钱玄桐、
梁漱溟、刘半农。

到了北京大学。现在大家看到的这幅油画还有个名字叫"宽容"。画面上既有穿洋装的北大教授陈独秀、胡适,又有穿长袍马褂的辜鸿铭和黄侃等人。各种思想在北京大学自由传播,体现出真正意义上的兼容和宽容。特别是蔡元培先生三顾茅庐力邀陈独秀任北京大学文科学长,这个消息一经公布,就立即受到了北京大学师生的拥护和欢迎。北京大学由此成为中国文化的舆论高地。

北京大学的巨大影响使一批最优秀的知识精英,汇聚到《新青年》旗下。李大钊、钱玄同、刘半农等人纷纷加入,编务不再由陈独秀独力承担,而是集思广益,《新青年》像一块磁石,吸引着越来越多的人,撼动了思想文化界,开始产生全国性的影响。

第二件事是"掀起文学革命",打开新文化运动突破口,使思想解放进一步深化。

这是胡适日记中的一个目录,我们可以从中解读出什么信息?

生:胡适开始创作白话诗。

师:好。我们可以发现胡适在1916年关注的重点从国内时局转移到了文学改良。

在这里,我们还可以注意到此时的胡适开始和谁联系了?

生:陈独秀。

师:胡适受西方写实主义文学影响,深感中国文学脱离了现实和群众,于是产生了"文学革命"的主张,并切身尝试用白话写诗,向《新青年》投稿,与陈独秀通信,多次谈到国内文学的种种弊端。通过胡适,陈独秀敏锐地找到了新文化运动从"小众"通往"大众"的突破口,这个突破口就是文学革命。他预言:"中国文学之雷音"将在神州大地震响。陈独秀催促胡适赶紧成文。1917年1月《新青年》上,发表了胡适的《文学改良刍议》,大张旗鼓地要求"改良文学"。作为呼应,1917年2月陈独秀在《新青年》上发表《文学革命论》,旗帜鲜明地提出了文学革命的三大目标。

这两者的主张还是有各自侧重点的。

一曰,不言之无物;
二曰,不摹仿古人;
三曰,不作不合文法的文字;
四曰,不作无病呻吟;
五曰,不用套语滥调;
六曰,不用典;
七曰,不讲对仗;
八曰,不避俗字俗语。
——胡适《文学改良刍议》

一、推倒雕琢的阿谀的贵族文学,建设平易的抒情的国民文学;
二、推倒陈腐的铺张的古典文学,建设新鲜的立诚的写实文学;
三、推倒迂晦的艰涩的山林文学,建设明了的通俗的社会文学。
——陈独秀《文学革命论》

生：胡适侧重于文学形式，陈独秀侧重于文学内容。

师：对。前者以学者立言，后者以革命家立言，一个着重从文学史的研究中揭示白话文替代文言文的必然性，一个侧重从时势的发展上揭示文学变革的必要性。随着一篇篇佳作的横空出世，胡适声名鹊起，在美国的学业也即将完成，在陈独秀的推荐下，北京大学邀请胡适回国担任教授。1917 年 9 月，他来到北京，从此新文化运动的两大领袖正式联手。陈独秀充满激情、勇往直前，像火；胡适学贯中西、富有理性，像水；两人密切配合，把运动不断推向高潮。

远在异国，既无读书之暇晷，又不得就国中先生长者质疑问题，其所主张容有矫枉过正之处。然此八事皆文学上根本问题，——有研究之价值。
——胡适《文学改良刍议》

我翻开历史一查，这历史没有年代，歪歪斜斜的每页上都写着"仁义道德"几个字。我横竖睡不好，仔细看了半夜，才从字缝里看出字来，满本都写着两个字"吃人"。
——鲁迅《狂人日记》

据统计，在《新青年》上发表作品最多的为陈独秀、胡适。但在这两人的评价中，文学革命中成绩最大的是鲁迅。为何鲁迅得到陈独秀、胡适的交口称赞呢？或许比较这两篇文章会有所启发。

胡适的《文学改良刍议》，是用文言文写的，鲁迅却写出了《狂人日记》这篇白话小说。鲁迅借着狂人之口，揭露了家族制度和礼教的弊害，将反封建内容与新文学的形式相结合，鲁迅的实践是一座里程碑。《新青年》从 1918 年起改用白话文，并采用新式标点符号。

文学革命运动像是新文化运动的一支先锋部队，把目标指向——生活中不可或缺的语言文字，这是从文字、语言、语法全方位的变化，必然引起社会极大关注。

舆论如潮：
教育部拟对44汉字动刀"整形"

大旗社会

①"琴、瑟、琵、琶"的上左和"徵"的中下部件"王"最后一笔横变提
琴琴 瑟瑟 琵琵 琶琶 徵徵

②"魅"的右部件和"禀、亲、衾、衾"的下部件的末笔捺变点
魅魅 籴籴 汆汆 禀禀 衾衾

③"巽僎、馔、噀同"的上左部件"巳"的最后一笔竖弯钩变竖提
巽巽 撰撰 馔馔 僎僎 噀噀

汉字整形是不是瞎折腾？
9成民众反对汉字整形！
难道10亿人要重学写汉字？

反对！

"汉字整形"打杀声何时能消？　　"汉字整形"四面楚歌，将何去何从？

　　这是近来的一则新闻。中国当代常用汉字不过 3500 字，教育部拟更动其中 44 个汉字，当即引起轰动，门户网站上百万人点击。新文化运动要求从文字到句法的全方位的变动，当然更要引起轩然大波。在当时引起了白话文和文言文的论战，即使在北京大学也有不同的声音。

　　当时北京大学有一位著名的老师叫黄侃。在一次在讲课中，他举例说，如果胡适的太太死了，家人拍电报回家，如果用白话就只需要 11 个字："你的太太死了！赶快回来啊！"而用文言就只需要 4 个字。于是，胡氏也在自己的课上反唇相讥。胡适说，如果行政院请我去做院长，我觉得才疏学浅不能胜任，要如何拍电报推辞？结果学生用文言拟就的电报最少也要 12 个字，而胡适的白话答复则只要 5 个字。胡适以此说明，只要使用恰当，白话也能做到比文言文更简练。

　　《新青年》发行量大增到 20000 册。白话文贴近大众，有利于民众的启蒙。白话文的推广有一日千里之势，之后全国出现的刊物，绝大部分都是使用的白话文。1920 年 1 月，教育部同意推广国语，一二年级课本改为白话文。文学革命以白话文为切入口，文化平民化成为文化教育界的新潮流，社会教育

Democracy（德先生）Science（赛先生）

　　只有这两位先生可以救治中国政治上、道德上、学术上、思想上一切的黑暗。若因为拥护这两位先生，一切政府的压迫，社会的攻击笑骂，就是断头流血，都不推辞。

　　　　——陈独秀《本志罪案之答辩书》1919年1月15日

蓬勃展开，使普通中国人都能读书识字，引入新思想、新观念，促进了国人的觉醒。文学革命的显著成效使思想解放的风暴愈刮愈猛烈。在风暴中，原来在象牙塔中的德先生和赛先生就来到了普通大众当中。这两位先生在暗夜里为国人点亮了耀眼的灯塔，照亮人们前行的方向。

　　与文学革命一样，新文化运动的两面旗帜：民主和科学也遭到了顽固势力的不断抨击。

　　面对社会各种保守势力的责难，陈独秀代表《新青年》编辑部，写出《本志罪案之答辩书》，坦然承认世人对于《新青年》"破坏礼教"等罪名的指责，他斩钉截铁地强调，只有拥护德先生、赛先生，才能救中国。

　　胡适对两位先生的热情不亚于陈独秀，对留学生涯有过切身感受，亲见了两次美国大选，对美国式的民主政治心驰神往。不过在他的日记中还提到一件他觉得比参加大选还重要的活动。

　　对自己所见的民主，胡适做了精辟的总结：民主是一种生活方式——自由、人权、平等、博爱；科学则是一种思想方法——反对迷信、愚昧、独立自主。这一几十年前的观点直到今天仍闪烁着思想的光芒。

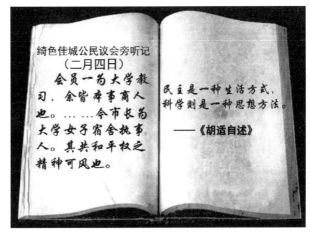

　　这两位先生在暗夜里为国人点亮了耀眼的灯塔，照亮人们前行的方向。但民主与科学要真正深入大众内心，必然要与中国封建社会传统文化的核心——儒家思想发生碰撞和交锋，文化精英们再次提出振聋发聩的口号。

　　中国封建社会传统文化的核心是什么？

　　生：儒家思想。

　　师：没错。儒家思想适应了封建社会政治经济的需要，因此备受历代封建统治者的推崇，成为封建统治的精神支柱。近代以来中国封建顽固势力凭借儒家传统道德观念极力抵制新文化。北洋军阀更利用"尊孔复古"为帝制复辟鸣锣开道。因此，要反对封建主义，在思想界就要把斗争矛头指向"孔家店"。1916 年，陈独秀发表了名为《1916》的文章，目标直接锁定封建礼教。他认为，只有打倒这些封建道德，才能真正唤醒中国人的自主意识。

"打倒孔家店"

儒者三纲之说，为一切道德政治之大原：

君为臣纲，则民于君为附属品，而无独立自主之人格矣；

父为子纲，则子于父为附属品，而无独立自主之人格矣；

夫为妻纲，则妻于夫为附属品，而无独立自主之人格矣。

——陈独秀《一九一六年》

最早提出这一口号的是胡适。对于封建礼教，胡适本人深受其害。他写的唯一剧本《终身大事》，主旨便是反抗旧式包办婚姻，并最后喊出："这是孩儿的终身大事，孩儿应该自己决断！"这是胡适自己的心声，也正是觉醒青年的呼声。

正因为二千年吃人的礼教法制都挂着孔丘的招牌，故这块孔丘的招牌——无论是老店，是冒牌——不能不拿下来，捶碎，烧去！"

——胡适《吴虞文录序》

当然，强烈的忧患意识和解救民族危难的迫切情绪又使得新文化运动的巨子们不可避免地带有偏激，如钱玄同的"废汉字"、鲁迅的"不读中国书"、胡适的"全盘西化"等，有一定的历史局限性，我们应该对儒家文化进行合理的扬弃，珍视传统文化的作用。

师：在新中国成立 60 周年的"国家美术大展"上，画家胡伟的"陈独秀与《新青年》"反映了今天我们对新文化运动的理解。

在这幅油画中，画家为我们呈现了诸多《新青年》杂志的重要作者，包括陈独秀、李大钊、胡适、鲁迅等人。而特别有趣的是画家特别精心画入，除非读者特别有心否则不能识别的一个人物。这个人侍立在李大钊等人的身后，画家也并未把他的面貌画得特别清晰，只是勾勒了大致的轮廓。可是这个人在中国现代史上尤为重要，影响至为深远，他是谁呢？

原来画家在画面上添加的这位是新中国的开国领袖毛泽东。可是，毛泽东并非《新青年》的撰稿人，在你们看来，画家将毛泽东绘于李大钊等人身后，有什么意蕴呢？

  生：可能画家是要借此表达新文化运动对历史的影响吧？

  师：回答得很好。

  师：在新文化运动如火如荼的时期，远在中国一隅的湖南的青年毛泽东，受到《新青年》的影响，头脑受到了新思潮的猛烈冲击，观念发生了激剧变化，他深深感到，要想救中国，就必须进行根本改造。开始革命实践的第一步，以战斗的姿态登上了中国历史舞台。

  "看书，看《新青年》；谈话，谈《新青年》；思考，也思考《新青年》上所提出的问题。"

  "我特别爱好胡适、陈独秀的文章。他们代替了梁启超和康有为，一时成了我的模范。"

——毛泽东

  可以说，新文化运动启蒙了一代人，陈独秀曾这样总结：新文化运动是人的运动，这揭示了运动的意义和影响。新文化运动是一场伟大的思想启蒙和文化革新运动，正是有了人的解放、有了人的觉醒，才有了马克思主义传播和五四运动的发生。

  当我们回眸那段壮丽的精神日出时，并非只是为了忘却的纪念。一个世纪前《新青年》点燃了民主与科学之火，擂起了思想解放的战鼓。今天，任重而道远，我们依然要在它的光辉照耀下继续前行。

案例4   大萧条和罗斯福新政

上海市徐汇中学   姚   虹

1929年10月21日，亨利·福特(展示图片)为他的好朋友托马斯·爱迪生举行了发明电灯泡50周年的庆祝活动，总统胡佛和包括居里夫人在内的许多世界名流都来出席，千万个美国家庭在收音机前收听盛况，并共同熄灯一分钟纪念这个标志新时代到来的伟大发明。策划此活动的福特志得意满，由此美国将创造新的辉煌，繁荣似乎可以天长地久。

图1   亨利·福特

确实如此，美国从第一次世界大战前的债务国变成现在全世界最大的债权国；华尔街成为世界金融体系的太阳；人口翻倍，新技术、新产品日新月异。

自由市场经济在20世纪20年代得到最无制约的充分发展。美国张开翅膀高速向前飞，创造了空前巨大的生产力，财富高度集中。

人们发明了鸡尾酒会，妇女们开始穿露出膝盖的裙子走路，爵士乐也开始流行。(展示图片)

图2   20年代的疯狂

疯狂的时代，乐观的美国，选择了自信的总统胡佛，他告诉美国人民："我们今天的美国比历史上任何一个国家都更接近于与贫穷作战的最后胜利。"他向美国人民许诺：每家锅子里有一只嫩鸡，车库里有一辆新的T型汽车。

但是，就在福特这次轰动全国的庆祝活动后的第三天，1929年10月24日星期四，纽约证券交易所股市突然崩盘，道琼斯指数一泻千里，10亿美元财富顷刻间人间蒸发。到当晚收市时已有11人自杀。从美国到欧洲各地，各大报纸纷纷报道了这一不幸的事件，并称其为"黑色星期四"。从这个角度(展示图片)看当时涌向华尔街的人群，就像热锅上的蚂蚁。

紧接着而来的是恐慌，成千上万的人涌到银行，提取自己所有的积蓄，挤兑摧毁了5500多家银行。美国由危机进入了前所未有的大萧条：到1933年，国民生产总值下

图3   涌向华尔街的人群

降了一半以上，工业下降了 46％，其中钢铁业倒退了 28 年。（展示图示）

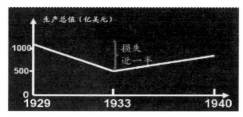

图 4　美国国民生产总值变化图

失业人数达 1700 万人，3400 万成年男女和儿童没有任何收入。在百货公司开电梯是一个大学生所能找到的最好的工作。

农产品难以售出。一只羊售价 1 美元，运费却要 1.1 美元。牛奶被倒进了密西西比河，使这条河变成了"银河"。

胡佛被称为"饥饿总统"，成了痛苦和困难的代名词，并出现了胡佛屋、胡佛毯，儿童也唱起了儿歌："梅隆拉响汽笛，胡佛敲起钟，华尔街发出信号，美国直往地狱里冲。"（展示图示）

20 世纪 20 年代的美国，从繁荣到危机，从富足到穷酸，（从繁荣的顶峰到危机的低谷）似乎没有任何过渡，好似瞬间推倒的多米诺骨牌，且不断升级蔓延。那么问题到底出在哪里？什么原因导致繁荣后的危机呢？这样问似乎有点难，我们一起来分析一些数据。

图 5　"胡佛屋"前的母子

（展示柱形图）看到伴随着经济的繁荣，工人的工资在这几年中鲜有提高，增长率为 2％。

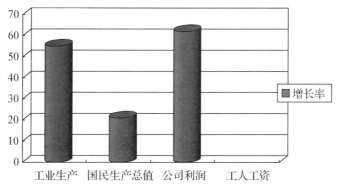

图 6　美国工人工资的增长

这些非常可观的数据确实表明美国正处于经济蓬勃发展期，但是否一点问题也没有呢？从这张图表中能看出不协调的地方吗？

（生）企业高利润，工人工资的增长却很少。这会造成什么现象？

（生）工人的购买力很小，买不起商品。

1929 年，一个家庭如果想取得最低限度的生活必需品，每年须有 2000 美元的收入。但当时美国家庭 60％以上是达不到这个数字的。全国 2％的富人拥有国家财富的 60％。一句话，购买力跟不上商品产量，导致了市场供求关系的不平衡。我们看到繁荣背后的第一个问题是供求关系失调。

这种潜在的危机有没有被人们发现？

（生）没有。

是的，没有。因为美国的商业一片欣欣向荣，那你们知道商家是怎么刺激消费的吗？

展示材料

> 1924 年，美国汽车 70％是分期付款买的。
>
> 1927 年贷款规模是 34 亿美元，到 1928 年就成为了 60 亿美元。

（生）这是通过分期付款刺激消费。

汽车、收音机、电冰箱、洗衣机、钢琴、电唱机甚至订婚戒指都能按月分期付款。用明天的钱圆今天的梦。一美元首付，一美元月供。

欠了银行的钱总是要还的，人们到哪里去获得更多的财富呢？

展示材料

> 只要你每周向股市投入 15 美元，相当于一年投资 780 美元，10 年后你的股票就会增值为 8 万美元。
>
> ——华尔街金融家撰文：《人人都应该有钱》（当时美国工人的平均年工资却只有 1300 美元）

花钱购买股票是一种投资，但在这里变成了什么？

（生）投机行为。

任何人都能成为富人。美国媒体上出现了大量迅速致富的文章，载满小道消息的《投机艺术》杂志只要 3 美元，道琼斯指数从 1921 年 8 月 24 日的最低点到 1929 年 9 月 3 日的最高点共上涨了 504％，连擦鞋匠、厨师都在大谈股票，甚至抵押房产去购买股票。

这些现象会造成什么恶果？

（生）虚假繁荣，市场泡沫。

"黑色星期四"后，美国人在股市失去的财富达 100 亿美元。悲观的情绪四处弥漫，以至于旅馆里的服务员在接待投宿者时都会问上一句："您是要一个房间睡觉，还是要一个房间跳楼？"

我们知道任何历史现象都不是偶然发生的。高速增长的经济，失去理性的消费，像脱缰野马一样的股市投机背后是什么理念支撑着 20 年代的美国人如此疯狂呢？资本主义早期的经济思想是什么？

（学生未答出，先生提示）"自由放任"的经济思想。

还记得亚当·斯密（Adam Smith）"看不见的手"吗？市场经济中有一只看不到的手，能自动平衡商品的总供给和总需求。企业只需放手生产，生产无极限、消费无极限。20 世纪 20 年代的美国在各种有利条件的促成下，生产力的大发展，带来空前的进步和繁荣。

自由竞争、适者生存，使个人的才智和力量在创造财富中得到充分发挥成了美国精神，发财致富、追求享乐成了 20 年代美国人的风尚。

但是过度地追求自由竞争，无序发展积累到一定程度会导致什么呢？

财富高度集中、私人垄断、生产过剩、失业危机、贫富悬殊扩大，整个社会极不平等，失去了平衡，这就是危机的表现。

为利润而生产的制度失灵，自由市场竞争达到极限，你认为这时的政府应该做点什么？

（生）干预，谋求有序和公平。

这个问题对当代的中国学生确实不难，可我们今天讨论的是 20 世纪 20 年代的美国。那时的美国政府是怎么做的呢？

> 美国政府应尽量减少对企业的约束，做好企业的守夜人就行了，经济应该绝对自由化，每位美国公民不要等待救济，要靠个人奋斗。
>
> ——胡佛

展示材料

靠个人的奋斗由一个孤儿成长为工程师的总统胡佛深信自由市场和自由竞争："管得最少的政府就是管得最好的政府。"他用自愿原则对付大萧条，只是劝告大公司维持生产，不要辞退工人，不要减少工资，并认为大萧条的根源主要在国外，因而放任经济的运行，在一定程度上使得危机层层升级。

由于第一次世界大战后欧洲经济对美国经济的依赖，这场经济危机迅速波及所有资本主义国家，持续四年，破坏力极大。（展示"1929—1933 年主要资本主义国家工业产值下降表"）

1929—1933 年主要资本主义国家工业产值下降表

	美国	德国	英国	法国	日本	世界
工业下降	46.2%	40.6%	28.4%	16.5%	8.4%	1/3

为摆脱困境，48 个主权国家增加关税，26 个国家实行贸易保护政策，以邻为壑，转嫁危机，进一步导致了危机的加深，1932 年世界贸易缩减了一半以上。

美国开始由危机进入萧条：1/3 以上的国民常年衣不蔽体，居无定所，营养不良。一位教员劝一个小女孩回家吃点东西，她回答说："不行啊，我家是轮流吃饭的，今天该我妹妹吃。"八年后征兵的时候，国家健康委员会检查发现有 40% 的男孩子身体是不合格的。（这期间出生的孩子后来被称为"萧条一代"，特征是身材瘦小，普遍营养不良）

而胡佛政府甚至拒绝援助失业的群众，声称"联邦救济将摧毁美国人民的品格""美国不能靠乱花钱得到繁荣""实际上没有人挨饿"。并叫嚷："我国今后 100 年往哪里走，关键在于恪守美国传统，不是乱搞什么新花样。"

饥寒交迫的人们不再尊重法律和私人财产，集体抢劫、抗税，甚至开始丧失对政府和现存制度的信任。1930 年，美国爆发 125 万人的大示威。一名美国工人说："我们应该组织起来，像苏联人们那样建立社会主义政府，杀死你们这帮魔鬼。"一位共和党参议员表示："如果美国什么时候需要一个墨索里尼的话，那就是今天了。"

哈佛大学商业学院院长说："资本主义正在经受考验，西方文明前途如何，取决于这次考验的结果。"

在这个哀鸿遍野的日子里，竞选时誓为美国人民实行新政的富兰克林·罗斯福击败胡佛，成为美国第32任总统。

1933年2月，还没正式就职的罗斯福乘敞篷车行进，一个年轻人一边大喊："快要饿死的人太多了！"一边向罗斯福的汽车开火，同车的芝加哥市长中弹身亡，罗斯福虽安然无事，但他明白，贫民用子弹向未来的总统倾诉饥饿，这意味着什么。

此时的世界也正是风起云涌之际。绝望的德国人把政权托付给了希特勒，英法等国则继续以传统的自由放任政策来对付危机，一枝独秀的苏联则以全面计划经济的模式推进第二个五年计划。美利坚何去何从？

图7　罗斯福演说现场

1933年3月4日，罗斯福总统宣誓就职。（展示图片）这一天，华盛顿天色阴沉，当人们在向上帝祈祷，这个靠腿部支架艰难站立起来的人不是美国的最后一任总统时，听到的却是一个满怀热情、无比坚定的声音："我们唯一值得恐惧的只有恐惧本身。"在胡佛哀叹已经穷途末路、毫无办法时，罗斯福却说："失败不是美国人的习惯。"

你知道罗斯福为什么会有这样无畏的信心和勇气吗？

（生）他有特别的人生经历和经验等。

我觉得首先是他有一种信念，他对资本主义制度的坚定信仰和对自己所生活的这个国度的热爱。

还有他的智慧。罗斯福之所以说这是一个专家的时代，是因为有各种专家组成的智囊团做他的坚实后盾。

当然还有他的特殊经历。39岁正当盛年时的他患上了小儿麻痹症，但他发誓绝不能让"娃娃病打倒自己"，他坚持运动，强迫自己练习走路，在进行疗养的佐治亚温泉被众人称之为"笑声震天的地方"。勇气来自于他特殊的人生经历。

罗斯福是怎么认识问题的呢？

展示材料

> ……现在的任务不是开发自然资源，或者生产更多的商品，而是更平静而平稳地管理好已有的资源和工厂，为剩余产品开辟国外市场，解决消费不足的问题，按照消费状况调整生产，公平地分配产品和财富，使现存的经济组织服务于人民。……

罗斯福告诉人民他的新政府和胡佛政府相比采取的政策有何变化？

（生）由自由放任到采取措施干预。

罗斯福明白无误地告诉人们，单纯追求利润、自由放任的时代已经过去。现在必须由政府介入并指导创建新的经济秩序。他要用国家的力量调整资本主义的某些弊端。

45 万美国人写信支持他，甚至有人表示："就是罗斯福一把火烧了国会，我们也会大声欢呼说，'好哇，火到底点着了。'"

危机和新政都是从金融业开始的。

罗斯福就任总统时，全国银行库存现金仅 60 亿美元，根本无法应付 410 亿美元的储户提款。各银行前都是人山人海，纽约市有一位妇女，为此把孩子出租给排队提款的妇女，每次收费二角五分，因为抱着孩子排队，能排在前头。

人们为什么会去挤兑银行？

（生）对银行信心的丧失。

其实这也是当时美国整体社会的写照：他们不仅在经济上，就连精神上也属于"萧条期"。所以当务之急是恢复银行的信用。

就职当晚，罗斯福连庆祝舞会也没有参加，就赶紧指示财政部长起草《紧急银行法》并宣布全国银行休业四天。这是罗斯福的"第一把火"。

3 月 9 日，众议院只花了 38 分钟便一致欢呼通过了这项法案，成为美国立法史上前所未有的纪录。法案授予总统控制黄金流向，核准发行 20 亿新美钞，重新改组银行的权力。

当夜 8 点 36 分，法案即经总统签署生效。两个小时后华盛顿的印钞厂就开工了。两天后，一袋袋新美钞就开始运往各州的联邦储备银行。

之后，罗斯福把整个美国变成了阐述新政理念的大课堂。第一堂课是对记者上的，他在任职期间共开过 998 次记者招待会。

第二堂课是直接面对全国人民的"炉边谈话"，堪称罗斯福的秘密武器。这就像在自己家里和邻居交谈。罗斯福说，我的老朋友们，我想告诉大家，过去的几天我们干了什么，为什么要这么干，下一步又打算怎么干。他向人们保证，现在把你们的钱存入重新开业的银行比藏在床褥下更为保险。

估计至少有 6000 万人在收音机旁收听了他的谈话。罗斯福任职期间，这样的"炉边谈话"不下 35 次。他就像一位广播明星，一次的炉边谈话后经常能收到 5 万封听众来信。尽管生活是困苦的，但是人民从总统那里看到了希望，得到了安慰。聆听总统的广播谈话成了当时美国人民的一项重要爱好，有人说："首都与我们的距离，不比起居室里的收音机远。"甚至有民众将他的照片剪下来，贴在收音机上。

当银行再次开门时，人们依然排起了长队，但这次是来存款而不是提款的。一周内就有 10 亿到 20 亿的美元流回到了银行。很快就有 13500 家银行（占全国总数四分之三）复业。股票交易所也重新开业了。有人说，幸福的日子又来到了。

当然，幸福的日子还没有真正回来，不过金融恐慌总算过去了。

有个金融巨头说，他认为自从耶稣去世后，最伟大的领袖就是罗斯福，并深深后悔自己错投了胡佛的票，请求上帝的宽恕。

金融秩序恢复后，新政就进入了实体经济。

工业和农业的问题是什么呢？

（生）企业破产，工人失业，产品卖不掉。

1933 年 5 月，罗斯福举行第二次"炉边谈话"：企业的恶性竞争，劳工的极端贫困，紧张的劳资关系使美国犹如处在一个火山口上，并明确要求企业和政府合作。

1933 年 6 月 16 日通过的《国家工业复兴法》，这是新政最重要的一部法案。

展示材料

> 规定各工业企业的生产规模，产品价格，销售范围，工资及工时数，并严格限制产品产量。雇员有权组织起来，并选派代表与政府谈判和签订集体合同。

这些规定针对什么弊端？目的是什么？

（生）避免恶性竞争、提高工人的地位等。

制定游戏规则，避免盲目竞争而导致生产过剩。（减少"卡脖子"竞争）

全国有 100 万雇主签名表示愿意遵守，凡同政府合作的，为其悬挂蓝鹰标记，下写"人尽其责"。厂门店门挂上，汽车挡风玻璃上贴着，连《时代》周刊每期封面上都有。

政府出台《农业调整法》。农民签署了耕地削减合同，作为压缩产量的补偿，并从政府获得津贴。至 1936 年，农业调整署成功地使农业总收入增加了 50%，农产品价格提高了 66%。

信用恢复了，工业调整了，农业缩减了。要真正使经济复苏，还得需要市场。市场怎么来？刺激消费。怎么刺激？让人民手中有钱。这就是救济问题。

问题是怎么救济？

（生）发钱。

光发钱就能解决问题吗？有一个在美国流传甚广的故事，说是一个上了年纪的老人，在开始收到救济支票之后，便主动地走出家门，打扫本镇的街道，说："我得做点事情，以回报我所得到的东西。"

这说明什么？

（生）人们渴望活得有尊严。

所以罗斯福更注重工作救济，以工代赈。最初是建立民间资源保护队，三个月内就注册了 25 万年轻人，他们每周可领取工资 30 美元，但其中 25 美元必须寄给家庭。

后来有公共事业振兴署（WPA），其突出的成绩有 600 个机场，超过 50 万英里的公路和街道，11 万个公共图书馆、中小学、礼堂、医院等，100 多万个新厕所，开办 1460 家托儿所等。

"以工代赈"解决了哪些问题？

（生）失业问题、消费问题。

除此以外，还有信心，信心比黄金更重要。1937 年 5 月的盖洛普民意调查显示，5 个人中有 4 个人赞成通过这种做法，修建道路、桥梁和露营设施，工作救济帮助人们昂起头，挺起胸，手里不闲着。很多人拿到第一张工资支票直接去的地方是理发店。

以工代赈不仅能保证基本的生活来源，刺激人们的消费，还维护失业者的自尊心，给他们带来希望。

这里不得不提一下 1933 年的芝加哥世博会（展示图片），这不仅是一场视觉盛宴，更直接或间接地向社会提供了近 10 万个就业机会，给芝加哥市带来近 4 亿美元的商业利润。当看到博览会上展出的各种新产品、新技术后，那些原本对生活丧失信心的人们也变得乐观起来，并增加了战胜经济危机的勇气。这是一届"在危机中看到希望"的世博会。

图 8　芝加哥世博会

罗斯福在实施新政的最初 100 天内，就发表了 10 次重要演说，每周举行记者招待会和内阁会议 2 次，向国会提交 15 篇咨文，指引议员通过了 13 个重要法案，发放了 40 亿美元的联邦救济金。

新政的措施，涉及美国经济生活的各个方面，有的需要一定程度的规划，有的需要极为雄厚的资金，有的需要联邦政府的权力，但这不是所有的私人垄断集团都愿意干或者有能力干的。这就意味着，没有国家干预是不可能的，政府要开始担任总资本家的角色。

我们可以找到一个很好的例子。1933 年，罗斯福政府成立田纳西河流域管理局。在整个"新政"期间，这个美国最为贫穷落后的地区，修建了 31 座水利工程，提供了 4.4 万个就业机会，工农业生产得到充分拉动，使周边人民的收入提高了 9 倍。甚至可以说，没有田纳西河流域工程，那两颗结束第二次世界大战的原子弹也就制造不出来。

然而，罗斯福新政并非一帆风顺。一直坚持自由放任、敌视新政立法的联邦法院先后发出过 1600 个指令禁止实施新法，甚至判决《全国工业复兴法》和《农业调整法》违宪。

这时，一封来自大洋彼岸的信件给予了罗斯福力量。信里写道：

> 您已经使您自己成为各国有志于在现行制度的框框内进行合理的实验以改正我们面临的弊端的委托人。如果您失败了，合理的抉择将在全世界蒙受严重的损失……可是如果您成功的话，新的更大胆的方法将在各处试行，而我们将以您就职的那一天作为新纪元的第一页。
>
> ——选自 1933 年年底在《纽约时报》上刊登的致罗斯福总统的公开信

展示材料

写信人是英国著名的经济学家凯恩斯。之后罗斯福邀请凯恩斯访美，两人交换了意见。

凯恩斯认为面对经济萧条，政府不能听之任之，而是要想办法扩大需求，干预经济和社会生活，成为"看得见的手"。这就是我们通常说的凯恩斯主义。

他们在理论和实践上互为印证，超越了资本主义早期主张"自由放任"的古典经济学，为战后资本主义的管理方式奠定了基础，具有划时代的意义。

但罗斯福比凯恩斯走得更远。新政虽在短时间里逐步恢复了公众对国家的信心，强化了联邦政府机构，并由此使美国的工业、农业逐渐恢复生机，但萧条依然无法消除，人民生活依旧困苦，缺乏持续发展的能力。为此罗斯福进行了第二阶段的改革。

1935 年通过《社会保障法》

展示材料	(1)对失业者、老人、病人和无丈夫的母子户，每年发给最低救济金；
	(2)由联邦按雇主支出工资额征税，所得款项作为失业保险基金；
	(3)工人和雇主各付工人工资的 1％，构成老年保险金，到 65 岁以后可领退休金。

和第一阶段相比，新政的侧重点有什么变化吗？关注点放到了哪里？

(生)关心弱势人群。

罗斯福说："没有一个国家有一半人破产还能维持下去"，要关心和寄希望于那些压在"经济金字塔底层的被遗忘的人。"

罗斯福新政前，人民要想获得公家救济，条件极为严格：除自己破产外，还得证明所有亲戚全部破了产才成，即使这样如果本人未婚或是已婚无子女，还是领不到救济，而且接受救济也是为人所不齿的；缅因州还禁止领取救济金的人参加选举；某些地方竟规定领取救济的人不准进入教堂做礼拜；有 20 个州根本不存在任何性质的养老金制度。

"大批由于不能控制的原因找不到有报酬的工作而无力养活自己和家庭时，政府对这些公民理应给予帮助，这不是施恩，这是社会义务。"

实施《财产税法》：

展示材料	5 万美元纯收入和 4 万美元遗产征税 31％。
	收入超过 500 万美元，征税超过 75％。

在新政的实施中，这种"社会义务"实质是通过什么手段达到目的的？

(生)向富人征税。

对继承遗产、公司利润和"巨额收入"征收高税，作为社会保障的准备金。被形容为"直接掏富人腰包"。政府干预，对社会财富进行重新分配。

实施《公平劳动标准法》：

展示材料	每小时 40 美分最低工资，每周 40 小时的最高工时，禁止雇佣 16 岁以下童工。

这里面透射出的精神和理念是什么呢？

(生)平等。

罗斯福新政的社会保障措施不再空谈机会平等、起跑线上的平等，而是从缩小贫富差距的角度追求一种结果平等，这是一种创新。

罗斯福想通过这些法令，给予民众一种怎样的生活？

罗斯福始终相信，有一种高于任何私人集团利益之上的公共利益。而这种利益的核心，就是要让大家有尊严、有希望地活着，特别是那些弱势群体，尤其需要政府给予经济和心理上的支持。

从 1929 年到 1939 年的十年间，美国在福利方面所取得的进步胜过定居这块大陆以来的三百年。

虽然《社会保障法》有明显的应急因素，也有不完善的地方，比如农场工人和家庭仆人被排除在退休条款外。

但人民欢迎这个举措，称赞它是一个伟大的成就，最人道的法案。可有一些人是这么说的：

> 这个方案本质上是共产主义。
>
> ——共和党议员评价《财产税法》
>
> 这个法案是从《共产党宣言》第十八页逐字逐句抄来的。
>
> ——《社会保障法》听证会上有人高喊
>
> 罗斯福的新政充满了共产主义俄国的臭味。
>
> ——1936 年纽约富人举行集会反对罗斯福

展示材料

各地报馆纷纷来电询问华盛顿的记者，罗斯福是不是真的疯了。

这些人对新政持的是什么态度？

（生）反对新政。

他们为什么反对新政？你们想知道《共产党宣言》第 18 页到底是什么内容吗？

> 无产阶级夺取资产阶级的全部资本……首先必须对所有权……实行强制性的干涉……可以采取下面的措施：征收高额累进税……废除继承权……把信贷集中在国家手里……实行公共和免费的教育。

展示材料

（生）反对者们认为罗斯福在走共产主义的道路，新政的很多措施来自共产主义的理念。

资本主义制度以私有制为基础。资本家和工厂主、有钱人认为罗斯福关于社会保障的措施侵犯了他们的私有财产权，降低了他们的地位、收入和尊严。

可是罗斯福却说：

> 在美国，没有人比我更坚信私有企业、私有财产和私人利润制度。

展示材料

为什么对资本主义制度充满坚定信念和热爱的罗斯福会倾向这些措施呢？这个问题太难了，我给大家一点提示，罗斯福是这样批评他的反对者的。

展示材料

> 他们只知道追求私利者一代的法则，他们没有远见，而没有远见的人必将灭亡。
>
> ——罗斯福谴责大资本家

我想问的是，罗斯福的远见是什么？他的最终目的是什么？

（生1）罗斯福想要帮助美国摆脱危机。

（生2）挽救美国的资本主义。

罗斯福引入了社会主义的公平、公正的理念，关注弱势群体，在一定程度上抑制了社会的贫富差距，用国家干预的手段调整资本主义的生产关系，为这个制度注入了新的活力，最终是为了资本主义制度的长远利益和长远发展。

在罗斯福这位进步的政治家身上，我还感受到，不断追求平等和进步也应该是全人类所共有的梦想。

历史学家阿诺德·约瑟夫·汤因比（Arnold Joseph Toynbee）回忆1930年的大萧条时说，那时"全世界的男男女女都在认真思考与坦率谈论这样一个可能性，即西方社会的制度或许会垮台，再也行不通了"。

可是出现了罗斯福新政，尽管罗斯福不可能从根本上改变资本主义制度的弊端。但是以"复兴（recovery）、救济（relief）、改革（reform）"为核心的新政开启的社会进步，不仅拉回了几乎已经到了崩溃边缘的美国，还深刻地影响了整个资本主义世界甚至整个人类，战后国家干预、福利国家成了西方国家学习的典范和发展的方向。更使美国在第二次世界大战后不仅因为它的富裕和强大而且是它的充满持续发展的活力与体制，使它不可置疑地成为世界的超级大国和霸国。

罗斯福在执政时经常说：采用一种方法，试它一把。如果失败了，就坦率地承认，再试试另外的办法。我们应该相信变化，相信进步。

当有参议员问罗斯福：田纳西河流域管理是根据什么政治思想建立的？总统乐呵呵的回答：这既不是鱼，也不是鸡，不管它是什么，但对于田纳西河流域的人民却是极佳的美味。

一个国家、一种制度的强大生命力，一位领袖的远见卓识，很多时候体现在面临危机时能否适时调整、与时俱进、在动态中发展。

危机会暴露制度的弊病，但危机也可以转变成为发展国家、成就个人的机遇。

据说现任美国总统奥巴马的床头摆着两本书，一本是2007年出版的《富兰克林·罗斯福》，一本是2006年出版的《决定性时刻——罗斯福执政的岁月及胜利的希望》。在一次采访中，奥巴马这样说："从罗斯福那里，我希望自己的团队可以效仿的不只是做正确的事，还要表现出信心以及为了民众而不断尝试和试验的意愿。"

而奥巴马竞选的口号就是：变革，我们需要变革，我们能够实现变革！这一次，美国会往哪里走呢？我们拭目以待。

案例 5　俄国十月社会主义革命

上海市第二中学　　张曦琛

20 世纪曾有不少影响世界的大事和国家，苏联就是其中之一。它在 20 世纪初建立，20 世纪末解体，它的匆匆登场与谢幕给世人留下了一个所谓的"世纪之谜"。

今年是十月革命 92 周年，11 月 7 日当天，在俄罗斯各地大约有 15 万民众参加了纪念十月革命的游行集会活动。从十月革命开始到 1991 年苏联解体后至今，人们对于十月革命的研究从未间断过，尤其是在苏联解体后，研究的结论更是众说纷纭。

> "十月革命具有历史合理性，苏联的历史发展证实了十月革命的时机确实已经成熟。"（苏联派）
>
> "十月革命带来了灾难与不幸，燃起了社会内部冲突，成了其他国家和人民害怕的怪物。"（叶利钦）
>
> "十月革命是人类历史上第一次获得胜利的社会主义革命，开创了社会主义现代化的新模式。"（教材）
>
> "十月革命是狂热革命者巧妙操纵了一种不稳定局势的结果。"（自由派）
>
> ……

PPT

对于这些众说纷纭，我想先不必评头论足，所谓"论从史出"，让我们通过学习十月革命的过程来思考。教材引言中的一句话令人深思。

> "这场革命为什么会在俄国取得成功呢?"

PPT

这个问题本身就给我们提出了一个问题，那就是社会主义革命应该在怎样的国家才能取得成功呢?

人们之所以会产生这样的疑问，主要是因为根据对马克思、恩格斯的研究，他们提出社会主义必将取代资本主义，而且这种取代，就是社会主义革命只有在发达的资本主义国家才能发生。而且，社会主义革命必须是在几个发达的资本主义国家同时发生才能取得胜利。但历史事实是社会主义革命在一个资本主义国家胜利了，而且俄国被认为是一个并不发达的资本主义国家。

1861 年农奴制改革后的俄国就已经走上发展资本主义的道路了。

提问 1：俄国为什么不是一个发达的资本主义国家呢？

<table>
<tr>
<td>**PPT**</td>
<td>　　材料一：19 世纪末 20 世纪初，俄国进入了帝国主义阶段。第一次世界大战前，垄断组织已分布于各工业部门……俄国是个小农经济占优势的国家，农业人口占全国人口的 4/5，无产阶级在全国人口中占少数，工业产值占国民经济总产值的 42.1%。……

　　俄国在经济和政治生活中存在严重的封建农奴制残余，农村保留有贵族地主大土地所有制和封建剥削形式。……

　　1901 年，西欧资本家向俄国工业和银行投资约 10 亿卢布，控制了俄国工业中最重要的部门。</td>
</tr>
</table>

俄国是一个特殊国度：

　　经济上，改革后仍存在大量农奴制残余，俄国是个落后的农民国家。二月革命后，列宁在离开瑞士回国前，在《给瑞士工人的告别信》中写道"俄国是个落后的农民国家"。

　　1861 年后，俄国农奴制改革为资本主义发展开辟了道路，俄国工业化虽然起步晚，但发展比较迅速，发展初期就具有了相当高的集中化水平。19 世纪末 20 世纪初，垄断组织已成为俄国经济生活中的重要现象。但是，俄国的工业发展存在严重的缺陷，到 1916—1917 年，外资的注入达到 22.5 亿卢布，相当于俄国工业投资总额的 1/3，说明工业发展严重依赖外国资本。俄国近 2/3 的国民经济产值是来自农业。改革后俄国的农业也不发达，广大农村仍然存在着严重的农奴制残余剥削，农业的经济技术极其低下。据 1910 年的统计，全国正在使用的农业工具有 1000 万把木犁和 2500 万个木耙，铁犁仅 420 万把，铁耙不满 50 万个，农业机械几乎等于零。

　　20 世纪的俄国虽然在一定程度上已成为一个资本主义类型的国家，但它远远落后于其他的西方国家。列宁形容俄国是一个"落后的农民国家"。

　　政治上，沙皇专制制度成为俄国社会发展的障碍，同现代化的历史趋势全然相抵触。

　　1861 年改革后，保留了沙皇专制制度。沙皇既是世俗皇帝，又是俄国东正教的最高首领，是国家的最高统治者和主宰，这种无限制干预一切的制度成为了俄国社会发展的障碍。

　　那么经济并不发达的俄国为什么能取得革命的成功呢？让我们从革命的过程中去探寻答案。

PPT

1917—1918 年俄国大事记

1917 年 3 月	二月革命推翻沙皇统治
	出现两个政权：资产阶级临时政府和工兵代表苏维埃
1917 年 4 月	列宁在《四月提纲》指出"全部政权归苏维埃"；
	实行土地改革，退出战争
1917 年 7 月	临时政府武力镇压革命
	布尔什维克党确定武装起义的方针
1917 年 11 月	工兵武装占领冬宫，推翻临时政府
1917 年 11 月	召开全俄工兵代表苏维埃第二次大会，
	通过《和平法令》、《土地法令》，成立人民委员会
1918 年春	全国各地普遍建立起苏维埃政权

俄国革命前的国情——沙皇统治；俄国革命的特点——两个阶段；

俄国革命中的关键问题——战争与饥饿；俄国革命中的重要力量——农民；

"1917 的俄国革命是发生在一个特殊国度和特定历史条件下的，独具特点的伟大的革命运动。"

从大事表中我们可以看到从二月革命到十月革命之间只间隔了八个月左右的时间，都是发生在 1917 年这一年中。

提问 2：1917 年，这一年有什么特别之处吗？

特定历史条件：1917 年——第一次世界大战的第四年"战争引起革命，革命制止战争"。

历代俄国沙皇好战，热衷于侵略扩张，但落后经常使他失败或达不到目的，就会更加激化存在的社会矛盾。

1917 年正是第一次世界大战的第四年。战争是革命的加速器，十月革命遇上了这样一个幸运时机。

(1)战争削弱了沙皇的统治力量，给俄国十月革命提供了一个时机。

俄国是主要的参战国。但到了战争的第二年(1915 年)俄国的经济和军队士气就面临着崩溃。

在前线，暴露出武器低劣、弹药短缺、运输不畅；(1915 年夏，一位俄国将军对前线俄军的描述："想一想参加最近几次战斗的几个步兵团吧，他们中三分之一的人没有步枪！这些可怜的家伙在暴风雨般的榴霰弹片中耐心等待，等待着拾起倒下的同伴的步枪。他们在这样的条件下居然毫不恐慌，这真是一个奇迹。……这种磨难我们的士兵要忍受多久呢？这种残杀太可怕了！"在后方，粮食、燃料短缺，通货膨胀。到 1917 年 3 月，俄国先后有 1550 万人应征入伍，使农业失去将近一半的劳动力，大批土地荒芜，战乱和饥荒威胁着千百万人的生命。总之，战争让人民无法生活下去了。

(2)战争打到了第四年，给俄国十月革命遇上了一个幸运的时机。

到了 1917 年，战争使两个帝国主义集团都受到很大的消耗，国内反战情绪高涨。此时，他们既不可能联合起来，更不会单独起来反对俄国革命。他们正处于战争胜负未决的关键时刻。

PPT

材料二："三年来的战争把我们向前推进了三十来年"，"战争异乎寻常地加快了事态的发展，令人难以置信地加深了资本主义的危机。"

——《列宁全集》（第 30 卷），28 页，北京，人民出版社，1985

这场大战不是刻意为俄国革命而准备的，但这场大战的确给俄国革命创造了时机。

独具特点：经历了从资产阶级民主革命到社会主义革命的两个阶段

二月革命就是一次突然来临的自发革命。1917 年 3 月，彼得格勒的工人和市民举行示威游行，要求得到面包和停止战争。彼得格勒军区的军队对示威群众开枪，迫使游行旋即转变为武装起义。二月革命前后只有八天，这场革命的"万能导演"是"世界大战"。

提出问题：为什么会出现两个政权？这种局面何时被打破？为什么少数派的布尔什维克党在革命中起到关键作用？

1. 为什么会出现两个政权并存的局面？

二月革命后群众自发建立了工兵代表苏维埃。苏维埃是俄国 1905 年革命的产物，是当时一家纺织厂的工人为了领导罢工，选举产生了称为全权代表会议的联合罢工委员会，这就是俄国历史上的第一个工人代表苏维埃。在 1917 年的二月革命后，革命群众迅速恢复和重建了苏维埃，成为了一个握有实权的政权机关，而且规模远比 1905 年时大。据统计，1917 年 3 月，全俄成立了近六百多个苏维埃。二月革命中和革命后的一段时间里，孟什维克和社会革命党的力量与影响要比布尔什维克大，他们的领导人被推上了苏维埃的领导岗位。当时布尔什维克党的主要领导人或流亡在外，或被流放在西伯利亚。

二月革命后，国家杜马中的资产阶级和地主代表成立了国家杜马临时委员会，他们与孟什维克、社会革命党人达成了关于成立临时政府的协议。3 月 15 日，临时政府成立。工兵代表苏维埃甘居次要地位。于是，两个政权并存的局面形成了。临时政府虽具有政府形式，但没有实力，依靠苏维埃的支持才能行使自己的职权。苏维埃虽不具有政府的形式，但却掌握着实际权力，因为它掌握了首都的革命武装。但这种局面是不可能长久持续下去。

提问 3：这种并存的局面何时被打破了？

1917 年 7 月，临时政府在前线的进攻遭遇失败的消息传到彼得格勒，再次引起民众的游行示威。临时政府从前线调回军队进行了血腥镇压，并要强行解散工人武装。七月事件中，临时政府公开使用暴力对付人民，表明两个政权并存的局面已不复存在。

为什么彼得格勒的局势会出现这样的变化？

2. 为什么临时政府未能掌握好政权？为什么少数派的布尔什维克党在革命中

起到了关键作用?

学生阅读课本上有关布尔什维克的介绍。

列宁在 1917 年 4 月 16 日晚上从瑞士经德国回到彼得格勒,在首都车站成千上万的工人、士兵欢迎他的归来。4 月 20 日,他在《真理报》上发表了著名的《四月提纲》,指出当前俄国的形势是要从革命的第一阶段向革命的第二阶段过渡,提出"不给临时政府以任何支持","全部政权归苏维埃",并主张"立刻实现和平,立即分配土地"。提纲中,布尔什维克党抓住了人民最关心的问题。

提问 4:这是什么问题呢?——"和平、面包和土地"。也就是当时俄国面临的最重要问题:战争与饥饿。

那么,对于民众的愿望,俄国的社会状况,资产阶级临时政府为什么不采取有效的措施进行解决呢?

> 材料三:临时政府认为"土地重新分配这样的重大改革必须等到能真正代表人民并有权决定这一基本问题的立宪会议召开时才能进行。同样,政府也不愿结束战争,因为俄国对它的盟友负有某些不可推卸的义务。"
>
> "苏维埃则要求立刻实现和平,立即分配土地。"
>
> ——斯塔夫里阿诺斯:《全球通史》

PPT

临时政府始终认为这些问题的解决必须等到一系列的程序完成后再解决,而他们忽视了此时俄国的境遇已经到了非常时期,前线的继续失利让俄国民众的情绪已经到了临界点。在这个关键时刻,临时政府的这种论点在政治上就等于自杀。

与临时政府的做法不同,布尔什维克党的领袖人物列宁在《四月提纲》中提出的政治主张,使当时俄国这个影响并不是最大的党派开始越来越受到民众的关注。

> 材料四:十月革命前后布尔什维克党员人数情况[①]
>
> | 时间 | 布尔什维克党员人数 |
> |------|------|
> | 1917 年 3 月前 | 24,000 人 |
> | 1917 年 4 月 | 80,000 人 |
> | 1917 年 7—8 月 | 240,000 人 |

PPT

作为一个领袖人物,列宁善于团结。二月革命后,曾在 1903 年与他因为争论有分歧而分道扬镳的托洛斯基,发表了一系列与之接近的言论。于是他不计前嫌,亲自与托洛斯基的区联派谈判,1917 年 5 月吸收他们加入布尔什维克而大大

---

① 摘编自李永全:《俄国政党史》,203 页,北京,中央编译出版社,1999。陈之骅:《十月革命的必然性和历史意义》,载《史学理论研究》,2007(4)。

壮大了实力。托洛斯基是十月革命中列宁重要的革命伙伴，也是十月革命武装起义的主要领导者。

作为一个领袖人物，列宁十分注意把握斗争的策略和时机。1917 年 6 月的全俄苏维埃第一次代表大会上，孟什维克、社会革命党有 700～800 名代表，而布尔什维克只有 100 多人。但列宁在分析了当时俄国形势的变化后，坚持"立刻实现和平，立即分配土地"，"希望本国政府在战争中失败"，退出战争才能解决俄国的困境。"立刻实现和平，立即分配土地"的政治主张让列宁赢得了更多的民心和革命的力量。

1917 年 7 月，临时政府血腥镇压彼得格勒民众的游行示威后，临时政府公开使用暴力对付人民，表明革命和平发展已不可能。接着，临时政府大肆逮捕布尔什维克党，下令通缉列宁。当时避居在距离首都不远的拉兹里夫湖畔的列宁认为实现政权的和平过渡已经不可能了。根据形势的变化，1917 年 7—8 月，党的六大制定了武装起义的方针。

9 月，彼得格勒的形势又发生了变化。临时政府军队的最高司令科尔尼洛夫命令军队开赴彼得格勒，企图镇压首都的革命力量。布尔什维克和苏维埃派出大批宣传员向军队进行宣传说明。得知真相的军队倒戈，拒绝服从命令，军官自杀，科尔尼洛夫成为阶下囚。这一事件中布尔什维克党的表现让党的威望空前提高，彼得格勒苏维埃也转到了布尔什维克党方面。10 月，列宁从芬兰回到彼得格勒，布尔什维克党建立了革命军事委员会领导起义的准备工作。

临时政府在得到布尔什维克策划起义的信息后，先发制人，试图扑灭起义。临时政府下令逮捕列宁，搜捕布尔什维克党领导人，进攻起义总指挥部——斯莫尔尼宫。关键时刻列宁建议提前起义。1917 年 11 月 6 日午夜，在列宁为首的布尔什维克党的领导下，彼得格勒武装工人和士兵占领了除冬宫外首都的所有重要战略目标。11 月 7 日晚上，又攻克了临时政府的所在地——冬宫，推翻了资产阶级临时政府。彼得格勒的起义取得了胜利。

提问 5："这场革命为什么会在俄国取得成功呢？"

(1)俄国的落后，使它在当时所处的国内、国际环境下最易爆发社会主义革命，社会矛盾更易激化。

(2)由于临时政府缺乏果敢和魄力，对于俄国民众的要求、俄国的社会现实，未能及时采取措施解决问题。十月革命为俄国从资产阶级民主革命向社会主义革命的过渡创造了可能。

(3)从二月革命到十月革命的过程中，列宁为首的布尔什维克党，尤其是作为党的领袖人物列宁能准确地抓住俄国当时问题的要害。

列宁提出的口号使党赢得了民心，列宁的斗争策略很好地把握住了革命时机。作为领袖人物，列宁在关键时刻表现出的果断、魄力和眼光，使得布尔什维克党在革命中显示出了无比威力和决定性作用。

　　材料五：布尔什维克党人之所以能取得胜利，其唯一的原因就在于：他们实现了人民群众最下层的那种普遍而又单纯的愿望，号召他们来参加推翻并粉碎旧制度的工作，然后再在旧制度的废墟上，同他们一道，建立起新世界的骨架。

——约翰·里德：《震撼世界的十天》

PPT

　　列宁认为，由于俄国不是发达的资本主义国家，缺乏物质基础，俄国无产阶级在人口中又不占多数，所以无力单独取得革命的胜利，布尔什维克党必须坚持争取团结广大农民的政策。1913年，个体农民（不包括富农）和个体手工业者达到人口总数的66.7％，而工人和职员只占17％。第一次世界大战爆发后，大量农民离开闭塞的农村，被征召参军或到城市做工。据统计，临时政府的900万军队中大约80％是农民。[①]争取到了农民也就意味着争取到了这支军队。列宁后来在总结十月革命时说："1917年10月，我们同全体农民一起去夺取政权。"

　　20世纪的俄国处于现代化发展的十字路口，二月革命是俄国人民的自发选择，十月革命是列宁为首的布尔什维克党在人民选择的基础上所作的社会主义革命道路的选择。俄国的社会主义革命是列宁为首的布尔什维克党在特殊历史条件下为俄国人民所作出的一种选择。"能够带领人民即全体劳动者进行这一斗争并且取得胜利的，只有城市工人阶级"。[②]

　　列宁说：先夺取政权，再建设物质文明。

十月革命的影响

　　十月革命胜利后，苏维埃政权颁布了法令，如《和平法令》《土地法令》等就是解决广大人民的生产资料所有权、劳动权利、民族平等、社会保障等问题。大会还选举了人民委员会，列宁当选为主席，世界上第一个社会主义国家产生了。

　　十月革命是人类历史上第一次获得胜利的社会主义革命。
　　十月革命的胜利，开创了社会主义现代化的新模式。

PPT

　　十月革命使俄国成为了一个社会主义国家，这是俄国现代化进程中的重大事件。十月革命使社会主义从理论走向实践，开创了两种社会制度竞争的世界新格局。推动了20世纪的民族解放运动，对世界历史发展产生深远影响。

　　苏联解体前后，国内外学界、许多媒体中大量出现了针对十月革命的各种评价，其中不乏否定的攻击。1989年，苏联就出版了《1917年十月：伟大的世纪事件还是社会灾难》一书。1996年，叶利钦将"十月革命节"改为了"和睦和解日"，2004年又被定为"军人荣誉日"。"92年前那场改变了这个国家命运的标志性事件，并没有随着岁月的更迭和天气的转冷而被俄罗斯人遗忘。"每年的11月7日，仍有数十万人自发地走上街头，纪念俄国历史上这难忘的一天。

---

　　① 《布尔什维克党在1917年争取农民群众的斗争》，载[苏]《苏共党史问题》，1957第3期。
　　② 列宁：《关于目前政治形势的决议草案》，《列宁全集》第32卷。

联系课后练习提问：

对于出现的这种截然对立的评价，你是如何看待这个问题的？

人们对于十月革命的看法来源于十月革命这一事件所引起的一系列影响 20 世纪人类历史进程的后续效应。

《南方周末》上登载了一篇中国当代世界研究中心研究员、国际自然和社会科学院院士俞邃的专访：

革命是革命，建设是建设

"不应该把苏联模式的失败和那场革命联系起来。……时隔数十年之后苏共垮台、苏联解体，更不应归咎于十月革命。十月革命开辟了新道路，但革命本身不可能同时解决建设社会主义的模式问题。高度集权的政治经济管理模式并非十月革命的必然结果，也不是唯一可能的选择。"

——《南方周末》2007 年 11 月 7 日

《十月革命对于我们——俄罗斯和全世界的意义》俄罗斯学者的文章：

PPT

材料六："十月革命确定了苏联历史的开端，但这一历史并非如涅瓦大街一样平坦，其中既有伟大的成就，也有痛苦的悲剧。……苏联模式的崩溃，并不意味着十月革命的理想是虚假的。……十月革命过去是、现在依然是与我们的命运联系在一起，我们不能拒绝它作为俄国史最为重要的部分。"

——《十月革命对于我们——俄罗斯和全世界的意义》，《国外理论动态》2007 年第 11 期

小结："十月革命对苏联来说是一个开端、一个推动……但是沿着十月革命的道路怎么走下去，这决定于后来领导人的做法，这里面有一系列教训可以总结。"[①]从今天看，这个新时代是一个漫长而曲折的历史过程。在这个过程中，社会主义和资本主义两种制度将会在相当长的时期内同时存在，相互竞争，既矛盾斗争，又合作借鉴。

PPT：

图片：俄罗斯民众纪念十月革命 92 周年。

回首 20 世纪的十月革命，不论人们怎样评价，它都是一件影响俄国历史的重大事件，也是影响人类历史的重大事件。

---

① 《十月革命不等于前苏联模式》，载《南方周末》，2007-11-07。

案例 6　美国南北战争

上海市中国中学　钟北京

师：同学们知道这张照片里的人是谁吗？（出示奥巴马照片）

生：美国总统奥巴马。

师：大家知道他还是美国第一位什么总统吗？

生：第一位黑人总统。

师：作为一名黑人，奥巴马能够当选总统，许多人说这要归功于约150年前发生在美国的一场战争。那是指什么战争？

生："美国南北战争"，也叫"美国内战"。

师：美国南北战争为什么会发生呢？

其实，答案有很多。其中，黑人奴隶制是重要的原因之一。黑人奴隶制本来并不是美国政治舞台上最突出的问题，南北之间、政党之间、各州之间、州与联邦政府之间存在着许多争论的问题。18世纪90年代初，美国第一家纺纱厂建立了，美国工业革命开始。随着工业革命的深入和西进运动的进行，美国资本主义经济快速发展，到1860年时，美国的工业总产值仅次于英、法、德，居世界第4位。但美国的工业生产主要集中在北方，而南方主要从事农业生产。那么，它的情况又如何呢？其实，在18世纪末，南方种植园经济在走向衰退，甚至出现了种植园主主动释放奴隶的现象。但是，小学教师惠特尼发明了轧棉机，使手工劳动变为机器操作，后来配上蒸汽动力，使生产效率提高了1000倍。再加上这时的西欧一些先进国家以及美国北部都开始了工业革命，对棉花的需求量大增，因而使得种植棉花有利可图。于是，南部种植园奴隶主不断扩大种植园，棉花产量大大增加，把南部变成了"棉花王国"。然而，正是在南北双方快速发展的过程中，它们之间的矛盾也越来越明显和尖锐。美国人争议的焦点越来越集中在了南方与北方之间，集中在了黑人奴隶制问题上，以至于当时的《华盛顿邮报》曾刊登了这样一则报道：在堪萨斯州，两个带着枪的陌生人见面的第一句话就是"拥护奴隶制还是反对奴隶制"，跟在答复后面的就是枪声。黑人奴隶制为什么会导致南北双方的矛盾如此尖锐呢？为了有助于同学们分析其中的原因，我给大家提供了两则材料。

　　1860年，世界棉花市场上的7/8的棉花来自美国。南方把生产的3/4棉花输往了英国。　　　　　　　　　　　　　　　**PPT**

请问材料一会让南北双方产生矛盾吗？

生：会。

师：为什么？

生：原材料供应。

师：好的。请看第二则材料。

PPT	北方家庭女佣的工资大约是每周 75 美分，工厂女工每周可以赚 2.4 到 3.2 美元。南方使用黑人奴隶大量增加。

请问材料二又会使南北双方发生矛盾吗？

生：劳动力。

师：如此众多的黑人奴隶一贫如洗，根本买不起北方生产的工业品，而南方种植园主们却更喜欢价廉物美的英国商品，这又引起了北方工业家们的极大不满，因为他们几乎失去了南方市场。当北方试图通过提高关税来保护自己利益时，又遭到了南方的坚决反对。

师：其实，除了这些经济因素以外，美国人在情感上也越来越难以接受严重违背美国立国原则的道德尴尬了。早在 1776 年 7 月 4 日，美国发表的《独立宣言》就说道："我们认为以下真理是不言而喻的：人人生而平等，造物主赋予他们某些不可转让的权利，其中包括生命权、自由权和追求幸福的权利。"1791 年时，美国国会还通过了 10 条宪法修正案，其中又规定了人民享有宗教信仰自由、言论自由、出版自由、和平集会和向政府请愿的自由。然而，事实上的美国又是如何呢？我们可以从一部被林肯称之为"导致一场伟大战争的书"中了解一二。大家知道这本书吗？

生：斯托夫人的《汤姆叔叔的小屋》。

师：有同学读过吗？

生：（回答）

师：能否给大家简要介绍一下这本书的主要内容？

生：（回答）

师：斯托夫人在书中讲述了一位善良厚道、逆来顺受的黑奴汤姆叔叔的悲惨故事。当人们读到女奴伊丽莎（Eliza）抱着儿子跳入满是冰块的河流，逃向北方的时候，以及读到汤姆叔叔被活活打死前的遗言的时候，心都要碎了。

这部小说出版后大受欢迎，出版的第一年就销售了 30 万本之多。许多人在它的影响下成为了废奴主义者。而南方贫苦白人约翰·布朗的起义更是把废奴运动推到了顶点。1859 年，约翰·布朗带领包括他 3 个儿子在内的 22 人进行武装起义。终因力量太悬殊，被奴隶主镇压下去，布朗被俘，被判死刑。临刑前，他留下了最后的遗言："我……现在我认为这种想法是不现实的。"美国诗人爱默生认为他的死将"使绞架变得与十字架一样光荣"。

如果奴隶制仅仅导致了道德尴尬和经济差异的话，也许还不至于最终酿成内战的后果。可问题是，奴隶制还深刻影响着美国联邦政府的权力结构。美国 1787 年《宪法》规定国会的参议院议员每州 2 名，众议院议员按各州的人口比例分配名额选出。

师：这种规定造成了谁控制的州的数量越多，拥有的人口越多，谁就能在国会中占有举足轻重的地位。让我们看看南方的人口统计（出示表格），这张统计表反映了南方人口的变化趋势如何？

生：越来越少了。

表 1　美国南方 18—19 世纪人口及众议院占全国比例统计表

	1790 年 （占全国比重）	1830 年 （占全国比重）	1860 年 （占全国比重）
南方总人口	49.9%	45.3%	39.1%
南方白人	40.1%	34.6%	29.9%
众议院席位	46%	41%	35%

国会的参议院议员每州 2 名，众议院议员按各州的人口比例分配名额选出。

师：这会导致什么政治后果？

生：南方逐步丧失了对众议院的控制权。

师：南方既然在众议院的力量越来越弱了，就会把目光投入到哪里以达到在国会中的力量平衡呢？

生：参议院。

师：于是，南方希望在美国新的领土上增加更多的蓄奴州。当 1859 年总统候选人之一的林肯宣称："我们必须防止奴隶制的扩展，我们必须防止非洲奴隶贸易的死灰复燃"时，南方听到之后会有什么感觉？

生：感到失望和愤怒。

师：所以，在林肯所获得的近 200 万张选票中竟然没有一张来自南方。虽然后来，林肯总统在就职宣誓中郑重其事地保证不会废除已经存在的奴隶制，但南方奴隶主依然忧心忡忡，他们认为林肯只是在运用一种"拥抱我们只不过是为了闷死我们"的策略，于是铁了心地要分裂出去。

1861 年，就在林肯就职之前，南卡罗来纳等 7 个州发动叛乱，宣布独立，成立了分裂政府，并攻占了联邦军的萨姆特要塞，南北战争爆发了。之后，南方又有 4 个州参加叛乱。让我们看看南北双方当时的实力（出示表格）。

师：根据这张表，大家觉得战争形势应该对谁更有利呢？

学：对北方有利。

师：可实际情况却是：战争初期北方失利！据记载，从首都华盛顿的白宫窗口已经可以看见南方叛军的旗帜。华盛顿危急，美国危急啊！战况为什么会这样呢？通过分析，有人说，战争初期，北方失利，这既意外，又不意外。对于这种说法，你是怎么看的？

表 2 美国内战初期南北双方实力对比表

	北　方	南　方
州数	23 个	11 个
人口	2200 万	900 万 （其中约 400 万黑人）
铁路里程	5 万多公里	1.4 万多公里
工业生产	92%	8%
工厂数量	85%	15%
生产总值	75%	25%
小麦产量	81%	19%

生：（回答）

师：影响战争成败的因素除了实力外，还有什么呢？

生：军事准备、军事人才、战略战术等。

师：要取得战争胜利，战前准备是非常重要的。1861 年，林肯在总统就职仪式上说道："我完全无意对已经存在奴隶制的各州的这一制度，进行直接或间接的干涉。我深信我根本没有合法权利那样做，而且我无此意图。""决定内战这个重大问题的是你们，我的心怀不满的同胞们，而并非决定于我。政府决不会攻击你们。只要你们自己不当侵略者，就不会发生冲突。"由此你觉得林肯会做好充分的战争准备吗？

生：林肯总统一直希望避免内战爆发，军事准备自然就不充分了。

师：有人批评林肯，认为就是他的这种妥协思想导致北方准备不足而失利了。那么，我们现在做个假设，如果你是当时的林肯总统，你会做好充分的军事准备并主动进攻南方吗？

生：发动战争对谁都是没有好处的。作为总统，首要职责是维护国家的统一和安定，避免战争祸害人民。而且后发制人，使自己站在了道德的制高点。

师：而南方，不仅军事准备充分，而且名将辈出，"西点第一名将"罗伯特·李将军就是南方军队总司令，绝大多数毕业于西点军校的优秀将领都是南方人。此外，英、法等欧洲国家的政府对美国内战幸灾乐祸，乐意看到出现"两个美国"的局面，甚至蠢蠢欲动，伺机干涉。

此时的林肯总统感受到了前所未有的巨大压力。南方威胁要暗杀他，曾经两次把林肯的帽子打飞；北方人民也对他开始失去信心了，就连过去支持他的人也说选择林肯是一种错误；更让林肯痛苦的是，就在这个艰难时刻，他最心爱的小儿子患病，死在了他的怀中。所有这些困难会把林肯击垮吗？

生：不会。

师：你为什么觉得不会？

生：（回答）

师：让我们来看看他此前所走过的人生历程吧（略）。同学们读完后，有何感触?

　　生：林肯面对挫折，永不放弃。

　　师：是的。希望我们每一位同学都能向他学习，勇敢地面对今后人生道路上的种种坎坷。林肯不仅具备永不放弃的精神，而且他还充满着智慧。为了扭转不利局面，1862 年林肯总统颁布了《宅地法》，规定：一切忠于联邦的成年人，只要交付 10 美元的登记费，就可以在西部领取 160 英亩的土地（相当于 96 个标准足球场），耕种 5 年后，就成为私有财产。这又会起到什么显著作用呢？

　　生：极大地鼓舞了广大人民支持联邦政府的热情。

　　师：从长远来看，它进一步推动了美国的西进运动，开拓了更为广阔的市场，促进了资本主义经济的发展。

　　此外，林肯总统还签发了震惊世界的《解放黑人奴隶的宣言》，宣布：假如在 1863 年 1 月 1 日以前南方叛乱者不放下武器，叛乱诸州的奴隶将从那一天起获得自由。请大家根据宣言内容展开讨论，这部宣言的发表会起到哪些积极效果？

　　生：(1)调动北方人民的积极性。(2)推动南方奴隶逃到北方参加军队，打击南方经济；南方奴隶成批地逃亡，南方经济也陷于瘫痪。而且，黑人奴隶纷纷来到北方，有些到工厂干活，为北方提供了大量的廉价自由劳动力，促进资本主义经济的发展。有些黑人要求参军，作战非常勇敢。(3)瓦解叛乱阵营，稳定未叛乱的蓄奴州。

　　师：如果我们仔细分析，不难发现，当林肯公布宣言的那一刻，实际上连一个黑奴也没解放，叛乱的州不愿执行，没叛乱的州不必执行，这个宣言只是一张有待兑现的支票。林肯为何要如此规定呢？我们也许可以从他曾经的一封信中得到答案："我的最高目标是拯救联邦，既不是保存奴隶制度，亦非摧毁奴隶制度。如果不解放一个奴隶就能保存联邦，我就一个不放；如果解放全部奴隶就能保存联邦，我就全部解放；如果解放一部分奴隶不解放其他奴隶就能保存联邦，我也照办。"

　　正是因为这个宣言打出了为自由和正义而战的旗帜，林肯政府得到了英、法等国人民的广泛支持，从而迫使他们的政府最终放弃了武装干涉美国内战的企图。所以，当时的美国外交官亨利·亚当斯(Henry Adams)感慨道："《解放黑奴宣言》比我们之前的胜仗与外交策略做得更多。"

　　林肯还调整了军事领导机构，任命有卓越军事才能的格兰特将军为全军统帅。

　　通过采取这些措施，战争形势很快就扭转过来了。1863 年，北方军队取得了葛底斯堡战役的决定性胜利。1865 年 4 月，南方军队的统帅李将军率领南方军队向格兰特将军投降，战争终于结束了。其实，在投降之前，有部下曾建议李将军率领军队继续打游击战，但被李将军拒绝了。为了让人民早日获得和平，一个久经沙场的名将就这样放下了武器，默默承担了"叛离者"和"失败者"的耻辱。虽然他输掉了战争，却给人们带来了和平，同样是人们心目中的英雄。因为在这场历时四年的内战中，美国人民已经为此付出了 62 万个生命的代价！62 万，这一数字意味着什么？意味着它是美国历史上牺牲人数最多的战争，甚至它超过了美国后来参加的第一次世界大战、第二次世界大战、朝鲜战争、越南战争、海湾战争等所有战争美国死亡人数的总和！内战使许多城镇变成了废墟。面对如此巨大的损失，林肯总统会如何处置这些南方战败者呢？在葛底斯堡战役刚结束，林肯遇见了一位支持北方的妇女，该女士激动地欢呼道："总统先生，在这场战役中，他们死了2700人，而我们只牺牲了800人。这对我们来说是大获全胜的一战啊！太棒了！"林肯对她的评论很是震惊，严肃地说："3500个同胞手足为此丧生，这样的战斗能称之为大获全胜吗？"这位女士赶紧纠正道："哦，总统先生，您可别这么说。事实上，我方只损失了800人，不是吗？"林肯低下头，泪水流出了他的眼眶。他用简短又有力的声音回答道："女士，看来我只能说，这个世界远远大于你的心灵世界。"

师：同学们觉得这个故事反映出了林肯的什么观念？

生：（回答）

师：宽恕，是结束痛苦的最美丽的句点。早在1863年，林肯总统就提出了《大赦和重建的宣言》，他下令，不惩罚战俘，每个放下武器的人都可以自由回家，并开具证明书，以证明他们是放下武器的平民，回乡后要被公正对待。当南方军队投降时，北方军营中响起了欢庆的炮声，北方军队统帅格兰特将军立即命令停止放炮，他说："这并不是一个喜庆的日子，只是一个停止杀戮的日子。从现在起，叛乱者又是我们的同胞了。"大家知道吗，林肯总统的夫人有三个兄弟，他们全都是南方士兵，而且都在这场内战中战死。更令人感慨万分的是，在圣诞前夜，在战斗前线的南北双方军乐队奏起了同一首乐曲：《家，可爱的家》，无论是北方士兵还是南方士兵，隔着战壕共同唱起了他们熟悉的这首歌。可当他们彻夜合唱完后，第二天又要拿起枪炮开始相互厮杀。我认为，这一场战争与其说是两种制度之战，还不如说是一场兄弟间的相残、同胞间的杀戮！站在葛底斯堡公墓前，林肯总统发表了著名的《葛底斯堡演说》，他说，那些曾经在这里战斗过的人们，活着的和死去的人们，都为此作出了贡献。因为在美国人的理解中，这只是一场公民的战争，南北双方不是阶级敌人，是同一个国家的公民，是手足兄弟。在自由和平等的政治理念上双方理解不一，兄弟间争论甚至打起来了，问题解决后又是一家人了。所以，直到今天，埋葬在葛底斯堡公墓里的南北双方的死难者，他们都被美国人民统一尊称为："烈士"！

有人说，华盛顿创立了美国，而林肯拯救了美国。请大家讨论、分析一下，你觉得林肯到底拯救了美国哪些方面呢？

生：（回答）

师：有一个很明显的例子可以说明这一点，1864年，林肯以绝对的优势再次当选总统，在所有选举州中只剩下三个州没有选他。

可以说林肯在肉体上解放了黑人，在精神上解放了全体美国人。经济也开始快速腾飞。

然而，就在李将军投降后的第五天，恰好也是耶稣受难日，林肯总统不幸在福特剧院被一个南方极端分子刺杀身亡，时年56岁。林肯早年当过兵，可没经历过什么战斗就退役了，他曾风趣地说：我为保卫祖国而流的唯一的血是让蚊子吸去的。可是，谁也没想到林肯为了国家付出了生命的代价。噩耗传开，人们无限哀痛。150 万人满含热泪瞻仰了林肯的遗容，在从首都华盛顿到林肯家乡的送葬路上，有 700 多万人为他送行。4 年前，林肯离开家乡前往华盛顿就职时说："我即将离开，不知道什么时候甚至可能不会再回来，我今次去就是完成一个在华盛顿身上就搁置起来的一个伟大任务。"4 年后，他又沿着这条路线回到了家乡，却是永远地安息了！

马克思这样评价这位历史伟人："这是一个……英雄。"

时光荏苒，但林肯并没有远离美国人民，他的身影在纪念馆里，在总统山上，在美元上，在生活中，更在美国人民的心里，"他是属于一切时代的人物。"

林肯出色地完成了在华盛顿总统身上搁置起来的伟大任务，那么林肯又搁置了什么伟大任务让后人去完成呢？在这里，我提供了三则材料，以供大家思考。（略）

案例 7　19 世纪的文学艺术成就

上海市徐汇区教师进修学院附属实验中学　顾云雷

一、教学设计概述

《19 世纪的文学艺术成就》是华东师范大学出版社出版的世界历史八年级第二学期第 6 课。本课涉及文学艺术领域，不仅内容丰富，有一定的深度，而且时间跨度长达一个世纪之久。在有限的课堂时间内要让八年级学生了解 19 世纪文学艺术成就的概貌，理解为什么这个时代名家辈出、名作云集，认识到 19 世纪的时代特征，认识到优秀的文艺作品往往具有穿越时空的能力，是有一定难度的。

为达成这一目标，本课注重在把握课程主旨的基础上激发学习兴趣、引发学生思考；注重在教材的基础上开发新的课程资源，再现历史过程和历史细节；注重宏观与微观相结合、详略相结合，引导学生走进大师、走进作品、走进心灵，走进这个充满激情而又矛盾交错的 19 世纪，并且在课堂学习的影响下，课余时间还能继续主动地学习和思考。

由于雨果的一生正好对应 19 世纪风云变幻的法国历史，他与所处时代同呼吸、共命运，而贝多芬不仅创作了伟大的作品，而且命运坎坷、具有伟大的人格，所以在有限的时间内，本课的三个人物中以雨果和贝多芬为主。由于学生的接受能力存在一定差异，还要考虑到如何兼顾三类不同的学生，让他们都有相应的收获，因此创设情境、设计有梯度的问题很有必要。

二、学习目标

了解 19 世纪文学艺术成就的概貌，了解雨果、狄更斯、贝多芬的代表作品。认识 19 世纪的时代特征，理解文艺作品往往是一个时代的反映，优秀的文艺作品往往具有穿越时空的能力。从大师的经历、作品中感受理想、热情、自由、坚韧，以及浓浓的爱国主义和人道主义情感。

三、教学重难点

走进大师、走进作品、走进心灵，同时认识 19 世纪的时代特征，理解文艺作品与时代的关系。

四、教学工具

PPT 教学课件。

五、教学过程

导入：2010 年上海世博会法国馆展出了七件艺术国宝，它们原本收藏于法国奥赛博物馆的法国"国宝"，动用七架专机运抵法国馆。是哪七件呢？请大家观看这七件艺术珍品的图片（课件展示），看的时候注意作品的年代。

其中六件都创作于 19 世纪，一件创作于 20 世纪初，每件都是珍品，是绘画艺术的代表作。当然，19 世纪的艺术代表作品还有更好的。

第一板块：用色彩描绘的 19 世纪

（大致了解 19 世纪的绘画大师代表及其杰作、浪漫主义和现实主义风格）

1. 法国著名画家德拉克洛瓦的《自由引导人民》——浪漫主义

看到这幅画，你首先会被什么所吸引呢？——旗帜、自由女神。

图 1 自由引导人民

教师介绍时代背景：这幅画又名《1830 年 7 月 27 日》，创作于 1830 年法国七月革命之后。当时画家亲眼目睹了革命时的情景：一个名叫克拉拉·莱辛的女孩最先把旗帜拿在手里；又看到一个叫阿莱尔的少年为了把旗帜插到巴黎圣母院旁边的一座桥顶上，结果倒在了血泊当中。画家被这些情景深深感动。后来，画家在给他弟弟的信中写道："虽然我没有亲自参与这次革命，但是我也要为革命做点贡献"，于是他就把这个历史事件变成了这幅画。很显然，现在这个自由女神不是当初的克拉拉·莱辛，而是经过了艺术的创造。他把原型进行了艺术化的处理，变成了一个引导法国人民走向自由的女神的形象。他说："如果认为我的浪漫主义是意味着自由表达个人的感受，不墨守成规，不喜欢教条的话，那么我承认我是浪漫主义者。"[①]德拉克洛瓦成为画坛浪漫主义的代表。

这幅画的艺术感染力非常强，以至于 1848 年法国六月起义时，当时法国政府被迫临时取消了这幅画的展览，为什么呢？因为他们惊呼："这幅画太具有煽动民众的作用了。"现在这幅画保存在巴黎卢浮宫博物馆。

---

① 朱伯雄：《外国美术名作欣赏》，151 页，上海，上海人民出版社，1984。

　　大家想一想，这幅画反映出来的自由、人民到今天过时了没有？——没有过时。大家有兴趣可以继续研究。

2. 法国达维特《马拉之死》、俄国列宾《伏尔加纤夫》——现实主义

当时 19 世纪的画家是经常以现实的题材来进行创作的。

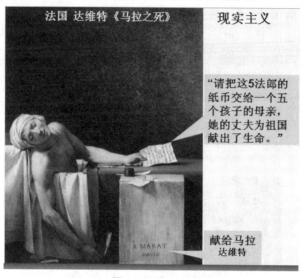

图 2　马拉之死

　　马拉是一个革命家，由于常年在地下室工作，身上有严重的皮肤病。当时，他一边治疗一边工作的时候，被一个保皇党女刺客给暗杀了。画家达维特知道这个事情后，第一时间赶到现场，看到了革命者牺牲时的形象，然后进行了艺术创作。画中马拉手中的纸上写着："请把这 5 个法郎的纸币交给一个五个孩子的母亲，她的丈夫为祖国献出了自己的生命。"[1]观者无不动容。

　　这是俄国著名画家列宾的《伏尔加纤夫》。1869 年，列宾在涅瓦河畔远远地看到有一群不知道什么的东西在艰难地移动，走近后才发现，原来是一群套着绳索拉船的纤夫。这个情景深深震撼了列宾，于是他把这一群可怜的、衣衫褴褛的人进行了艺术创作。

图 3　伏尔加纤夫

　　① 朱伯雄：《外国美术名作欣赏》，139 页，上海，上海人民出版社，1984。

这些作品如果从题材的角度来讲，有什么共同点呢？是凭空想出来的吗？——不是。根据现实，有想象，进行了艺术的加工；非常贴近时代，贴近生活，能感受到画家非常浓厚的关注人民的特点。

第二板块：用音符奏响的 19 世纪

（了解以贝多芬为代表的 19 世纪著名音乐家，了解贝多芬的代表作及其时代特征，感受贝多芬作为艺术家的人格魅力）

画家用色彩来描绘 19 世纪，而音乐家是用音符来表现 19 世纪这个时代。

1. 德国音乐家——乐圣贝多芬

（1）扼住命运的咽喉——《命运交响曲》

恩格斯说过："假如你没听过这样壮丽的作品，那你可以说等于一生没有听过什么好的音乐。"

大家想一想，在恩格斯看来谁的音乐这么壮丽呢？——贝多芬。

贝多芬是公认的乐圣。请大家看一段关于贝多芬的视频，看的同时关注贝多芬的生平事迹和背景音乐。背景音乐的四个乐章已经写在了黑板上：

第一乐章　命运敲门，迎接挑战

第二乐章　英雄豪迈，期待胜利

第三乐章　不懈斗争，乐观自信

第四乐章　战胜命运，欢乐光明

视频：《贝多芬》（2 分 37 秒）。看了视频后，请你告诉我背景音乐是哪一首曲子呢？——《命运交响曲》，这是他的代表作。

大家对贝多芬经历中的哪一段印象最深刻？——失去听力、童年刻苦练习。

一个音乐家失去听力是非常可怕的一件事情，但他并没有就此向命运低头，他呐喊着："我要扼住命运的咽喉，它决不会使我屈服。"[1]当然，他悟出这一点是经过了痛苦的挣扎的。1802 年，由于听力刚刚丧失，经过治疗怎么也不见好转，越来越恶化，当时的贝多芬有过轻生的念头。他曾经写过两份遗嘱，幸运的是，他没有把遗嘱交给他的亲人，永远地保存了下来。一直到他去世以后，人们在他的遗物里发现了这两份遗嘱，可见他当时的痛苦有多深。但是他战胜了自己，他觉得音乐可以带来人生新的希望。我们所知道的贝多芬最伟大的作品有哪些呢？——《命运交响曲》《英雄交响曲》《田园交响曲》《欢乐颂》等，这些非常伟大的作品都是他耳朵失聪后创作出来的，这是多么了不起的一件事啊。

（2）关注时事，转变对拿破仑的态度——《英雄交响曲》

贝多芬还非常关注时事。1803 年，贝多芬听说有一个法国人带领人民战胜了封建势力，并且捍卫了民主共和后，非常激动，他也非常希望这个人把革命的烈火带到德国，让处在封建割据状态中的德国也来一场革命。这个法国人是谁？——拿破仑。所以，他创作了献给拿破仑的第三交响曲。但是当他刚刚完成、打算拿去出版的时候，他突然听说"拿破仑称帝了"。他什么反应？——很失

---

[1]　罗曼·罗兰：《贝多芬传》，合肥，安徽文艺出版社，1999。

望、很愤怒。他当场把乐谱的第一页撕掉，把"拿破仑"这几个字抠掉，后来在出版的时候，交响曲就改称为《英雄交响曲》，并且贝多芬还说了这样的话："拿破仑也不过是个凡夫俗子而已！现在，他也将践踏一切人权，只沉溺于他的富贵荣华；他将凌驾于众人之上，成为一个暴君。"①原来拿破仑是他的偶像，现在呢？——是一个暴君。

（3）贝多芬——真正的英雄

其实，贝多芬这种爱憎分明的态度在他的生活中多有表现。1807 年，贝多芬住在维也纳一个公爵家里，那天公爵家里来了客人，请贝多芬给他们去演奏。贝多芬很高兴，他拿出刚创作的《热情奏鸣曲》想去表演。结果到了客厅一看，来了一群什么客人啊？——原来是一群法国占领军，拿破仑的军队。贝多芬当场即拒绝了演奏。公爵很生气，批评贝多芬，贝多芬甩手就走了。当天晚上下着很大的雨，他离开了公爵家，第二天便给公爵写了一封信，说了一段很让人钦佩的话："公爵！你的地位是凭偶尔出生得来的。而我之所以成为贝多芬，则全靠我自己。公爵现在有的是，将来还是有的是，而我贝多芬却永远只有一个！"②这表现了音乐家一种怎样的特点？——蔑视权贵。那么他真正在意的是什么？——通过自己的努力获得的地位。拿破仑已经不再是贝多芬心目中的英雄，那么你们觉得真正的英雄是谁呀？贝多芬算不算？——贝多芬是真正的英雄。

所以，在贝多芬去世后，他的墓志铭上是这样写的："当你站在他的灵柩跟前的时候，笼罩着你的并不是志颓气丧，而是一种崇高的感情；我们只有对他这样一个人才可以说：他完成了伟大的事业……"③我想他之所以成为乐圣，难道仅仅是因为他有伟大的作品吗？——肯定不是，他还有伟大的人格。他的坚韧不拔、他的爱憎分明、他的不向命运低头的永不服输的精神。他留给我们的不仅仅是他的艺术作品，还有他伟大的人格。

2. 其他 19 世纪著名音乐家

贝多芬是 19 世纪伟大的音乐家，其实 19 世纪还有很多伟大的音乐家。我们来简单了解一下，大家有兴趣的话可以在课后听听他们的作品，了解他们的真实故事。

- 钢琴诗人——肖邦
- 歌曲之王——舒伯特
- 圆舞曲之父——老施特劳斯
- 圆舞曲之王——小施特劳斯
- 还有：舒曼、威尔第、柴科夫斯基、李斯特、勃拉姆斯、柏辽兹……

第三板块：用文字记载的 19 世纪

了解雨果的人生经历、代表作品，体会其鲜明的时代特征以及浪漫主义文学

---

① 罗曼·罗兰：《贝多芬传》，合肥，安徽文艺出版社，1999。
② 罗曼·罗兰：《贝多芬传》，合肥，安徽文艺出版社，1999。
③ 罗曼·罗兰：《贝多芬传》，合肥，安徽文艺出版社，1999。

的特点。了解狄更斯的代表作品以及现实主义文学的特点。

1. 浪漫主义文学代表人物

除了画家、音乐家，当时还有很多文学家用文字记载 19 世纪。这里有几段名言，大家知道他们的作者分别是谁吗？

- 冬天已经来临，春天还会遥远吗？
- 自由，你的旗帜，虽破碎，却仍旧飘扬，似雷霆暴雨，迎风激荡。
- 生命诚可贵，爱情价更高；若为自由故，两者皆可抛。
- 世界上最宽阔的是海洋，比海洋更宽阔的是天空，比天空更宽阔的是人的胸怀。

——他们分别是：英国的雪莱、英国的拜伦、匈牙利的裴多菲和法国的雨果，他们都是浪漫主义文学的杰出代表。这些文学家里前三位人生都比较短暂，像雪莱 30 岁，拜伦 36 岁，裴多菲 26 岁。裴多菲是被沙俄侵略者屠杀的，是为匈牙利牺牲的爱国志士。他们的生命虽然短暂，但是他们的文学作品和他们的精神是我们重要的精神财富。

2. 法国浪漫主义文学大师——维克多·雨果

（1）雨果的价值

与他们相比，有一个非常长寿的浪漫主义文学家，这是谁呀？——维克多·雨果（1802—1885），雨果的一生几乎贯穿了整个 19 世纪。著名文学家罗曼·罗兰称雨果："在一切文学界和艺术界的伟人中，他是唯一活在法兰西人民心中的伟人……"对他的评价非常高。

雨果作为一个伟人，法国人民、世界人民对他有过不同的纪念，例如雨果雕像、雨果大街、雨果故居，1985 年联合国教科文组织把这一年定义为"雨果年"。2002 年是雨果诞辰 200 周年，老师找到两张其他国家发行的纪念邮票，一张是卢森堡的，一张是越南的。越南这一张邮票大家注意到没有，它的背景图案是什么？——德拉克洛瓦的《自由引导人民》。

图 4 越南邮票

2002 年是雨果诞辰 200 周年，法国举行了盛大的纪念活动。法国人称雨果是一把火炬，一把照亮人们心灵的熊熊火炬。我不禁要问，他们对雨果的评价为什么这么高？让我们走进他的生平，寻找答案。

（2）雨果生平

文：雨果生平[①]

- 1822 年，出版诗集《颂歌与杂诗》，辱骂拿破仑，歌颂波旁王朝复辟，获路易十八赐给的年俸。
- 1827 年，在《铜柱颂》一诗中缅怀拿破仑时代对欧洲君主国家的武功。
- 1827 年，发表浪漫主义宣言《〈克伦威尔〉序》。
- 1831 年，发表著名的浪漫主义小说《巴黎圣母院》。

---

① 柳鸣九主编：《法国文学史》，北京，人民文学出版社，1981。

- 1841 年，被选为法兰西学士院院士，称颂法国大革命。

- 1851 年，路易·波拿巴政变，宣布帝制，镇压人民。雨果反抗失败，被迫流亡国外 19 年。流亡期间，把日常开支的 1/3 捐赠给穷人。

- 1860 年，英法联军火烧圆明园，雨果写《致巴特勒上尉的信》进行揭露。

- 1862 年，历时 16 年的《悲惨世界》出版，体现浪漫主义与现实主义的完美结合。

- 1870 年，普法战争爆发，路易·波拿巴垮台。巴黎公社革命，成立共和国。雨果回到巴黎，受到人民热烈欢迎。他参加国民自卫军，并捐赠两门大炮。

- 1871 年，巴黎公社革命失败，雨果把在布鲁塞尔的住宅给流亡社员作避难所，遭比利时政府驱赶。

- 1872 年，70 岁高龄写出杰作《九三年》。

- 1881 年，雨果八十诞辰，庆祝活动犹如国庆节。

- 临终前，立下遗嘱，将全部手稿献给巴黎国家图书馆，将部分积蓄献给穷人。

- 1885 年 5 月 18 日，雨果逝世，举国致哀，葬于先贤祠。

了解了他的生平，你对他的哪些事迹感兴趣呢？你认为他是一个怎样的人呢？（链接提示，顺序不限，以学生提到的先后为准）

——★《巴黎圣母院》、《悲惨世界》——浪漫主义文学的领袖

雨果当时写《巴黎圣母院》真的是非常辛苦，由于政局动荡，生活不安定，离交给出版商的时间只剩下半年。怎么办呢？据雨果夫人叙述："他买了一大瓶墨水和一条厚厚的灰色粗毛毯，把自己从头到脚裹了起来，把自己的衣服也锁起来，以杜绝任何出门的念头，像进入监狱一样钻进他的小说。"[①]在距离交稿前的半个月终于写完了。大家有没有看过《巴黎圣母院》呐？你对书中什么印象最深？为什么？——卡西莫多很丑陋，却非常善良；艾斯米美拉达很美很善良，但是命运却非常坎坷；主教道貌岸然，内心丑恶；等等。

他说："丑就在美的旁边，畸形靠近着优美，粗俗藏在崇高的背后，恶与善并存，黑暗与光明与共。"[②]他非常多地运用了对照的写法，譬如说：美丽的埃斯美拉达和丑陋的卡西莫多形成对照；艾斯美拉达的美丽善良和悲惨结局形成对照；卡西莫多长相丑陋，内心却纯朴善良形成对照。还有这样的情节：艾斯美拉达和她的妈妈失散多年，有一天她奇迹般的和她妈妈相遇、相认。相认很高兴，但很快她就被送上了绞刑架，这就成了母女间的最后一次见面。所有这一切都很令人震撼，集中体现了浪漫主义的特点：理想、热情、个性、幻想。因为这部作品，雨果理所当然地登上了浪漫主义文坛领袖的地位。

当然，这不是雨果唯一的代表作，还有哪些？——《悲惨世界》《九三年》等。

雨果是一个非常勤奋的文学家，他 70 年的创作生涯里写了 69 部作品。

《悲惨世界》是雨果早就想写的，是根据一件真实的事情改编的。小说主人公

---

① 雨果：《巴黎圣母院·导读》，南京，译林出版社，1995。

② 同上书。

冉阿让因为姐姐的孩子非常饥饿，出于无奈偷了一个面包，被判了五年刑，后来由于越狱一共被判了19年。出来后他受神父启发向上，改名当上市长，其间发生了很多故事，包括可怜的母女芳汀和珂赛特的故事。

《悲惨世界》的时间范围上溯到1793年大革命高潮的年代，下延至1832年巴黎人民起义。雨果通过小说将近半个世纪的历史过程中广阔的社会生活画面一一展现：外省偏僻的小城，滨海的新兴工业城镇，可怕的法庭，黑暗的监狱，严重的贫富差距，巴黎悲惨的贫民窟，阴暗的修道院……雨果在《悲惨世界》的序言中写道："只要本世纪的三大问题——男人因穷困而道德败坏，女人因饥饿而生活堕落，儿童因黑暗而身体羸弱——还不能全部解决，只要这个世界上还有愚昧和穷困，那么这一类书籍就不是虚设和无用的。"[①]这是雨果在150多年前写的，你们觉得到今天过时了没有？——没有过时，依然很有现实意义。《悲惨世界》不仅体现了浪漫主义的特点，还体现了现实主义的特点，堪称文学史上现实主义与浪漫主义结合的典范。建议同学们课后好好阅读《悲惨世界》。

——★雨果被迫流亡国外19年——勇敢的斗士

雨果被迫流亡19年，19年那么长，这期间难道就没有机会回来吗？我们来看两段材料。

料一

1852年雨果被流放时所说的话。

> "只要他还存在，不管别人的态度怎样，
>
> 　啊，法兰西，为着你而伤心落泪的亲爱的法兰西，
>
> 　我是决不会和你那凄凉而温暖的土地相见的，
>
> 　虽然那儿有着儿女的家园和祖宗的墓地。
>
> 　……
>
> 　如果只剩下一千个人，我定是其中之一；
>
> 　万一只剩下一百个人，我还是不放下武器；
>
> 　如果只剩下十个人，我就是第十名，
>
> 　如果只剩下一个，我就是那最后一人！"

料二

1859年拿破仑三世大赦天下、雨果有机会回来时所说的话。

> "我忠于对自己良心许下的诺言，誓与自由流亡到底。自由回国之日，才是我回国之时。"
>
> ——柳鸣九主编《法国文学史》，人民文学出版社，1981年版

请学生声情并茂地朗读。这两段话说明了什么？——说明雨果为争取自由、民主而坚持斗争到底的决心非常强烈。这体现出雨果的另外一面，他是一个勇敢的斗士。

---

① 雨果：《悲惨世界·序言》，北京，人民文学出版社，1990。

————★雨果 1870 年回到巴黎——爱国的志士

那么雨果后来是什么时候回来的呢？——1870 年。当时普法战争爆发，国家陷于危难，巴黎公社革命也爆发了，雨果回来了，受到了人们的热烈欢迎，他发表演说："你们一小时的欢迎，就是我二十年流亡生活的报酬。"

1870 年，你们算一下，雨果多大年纪了？——68 岁。68 岁的高龄，他写了《告德国人民书》，"德国民众们！倘若你们一意孤行，那好吧……巴黎将在你们的枪林弹雨下奋起自卫。至于我，一个老人，我将赤手空拳留在巴黎。我喜欢和受苦受难的法国人民站在一起。"[1] 68 岁的高龄，他捐款捐物，甚至还捐了两门大炮，其中一门就叫"雨果号"。68 岁的高龄，他参加了国民自卫军，他要当战士。这些体现出雨果怎样的情怀？——非常爱国，是一个爱国的志士。

————★《致巴特勒上尉的信》——人道主义卫士

图文：1861 年雨果手稿《致巴特勒上尉的信》，节选："希腊有巴特农神庙、埃及有金字塔、罗马有竞技场、巴黎有圣母院，而东方有圆明园……有一天，两个强盗闯进了圆明园。一个抢，一个烧……一个叫法兰西，一个叫英吉利。……我希望终有一天，解放了、涤荡了污泥浊水的法国，一定会把这笔抢来之物归还给遭受掠夺的中国。"[2] 他是一个法国人，大家首先从史料的角度来说说这个材料有什么意义？如果法国人想推掉火烧圆明园的历史责任，能推掉吗？——不能。这是来自法国自己的证据，是珍贵的史料。

图 5　雨果手稿

实际上雨果关注中国仅仅是他关注当时世界风云的一个表现，1862 年，法军入侵墨西哥的时候，雨果写信给墨西哥人民，希望墨西哥人民起来反抗，反抗法国侵略者。所以，雨果不仅是一位爱国者，还是一位人道主义卫士。

当然这些事经常是交织在一起的，大家应该能感受到雨果强烈的人格魅力，希望大家课后多去了解这个人物。

3. 现实主义文学——英国狄更斯

雨果是浪漫主义的杰出代表，其实在 19 世纪还有一批非常著名的现实主义文学家，代表人物有狄更斯、巴尔扎克、托尔斯泰、小仲马、马克·吐温、果戈理等。其中英国的现实主义文学家狄更斯有哪些代表作呢？——《雾都孤儿》《双城记》《大卫·科波菲尔》《匹克威克外传》等，都集中体现了现实主义文学的特点：真实、理性、揭露、批判。

①　柳鸣九主编：《法国文学史》，北京，人民文学出版社，1981。
②　同上书。

第四板块：用心灵感受的 19 世纪

（认识 19 世纪的时代特征，理解大师及其作品与时代的关系）

狄更斯在《双城记》里有过一段非常著名的话："这是最好的时代，这是最糟的时代；这是充满信念的时代，这是充满置疑的时代；这是充满希望的春天，这是充满沮丧的冬天；我们拥有一切，我们一无所有……"

这段话是不是充满了矛盾呢？经过今天的学习，你觉得 19 世纪是个怎样的世纪？你觉得这些文学大师、艺术大师的人生，他们的作品和这个时代之间有什么关系呢？——（学生交流）；矛盾交织；变革的时代；革命是主旋律；涌现很多大师、很多爱国人士；对自由的渴望、对社会的关注；看到了希望，人民在奋斗……

相信大家对 19 世纪都有自己的理解。人民斗争、追求自由是 19 世纪的特征，大师们的人生经历和作品都集中体现了这一点，而这些也永远成为了我们的精神财富。

最后让我们用罗曼·罗兰的一句话来结束今天的课："让我的作品永生，而我自己消失吧！"也许这就是这些文学艺术作品最大的魅力所在。

谢谢大家！

后　记

　　编写本书的想法，最初萌生于 2008 年的秋天。当时，蒙华东师范大学杨向阳先生的鼓励，并得到杨向阳先生赠书——《上海著名历史教师教学思想录》，受益匪浅。之后的几年里，我们陆续采访了包启昌、沈起炜、陆满堂先生，而在写作过程中，三位先生竟先后作古，来不及见到本书出版，令人不胜唏嘘。在此向他们致以怀念之意。

　　我们也以"闲聊"的方式，陆续从聂幼犁、林德芳、林丙义、张耕华等诸多先生那"挖"到了不少教坛逸闻，在此致谢。并感谢钱君端、凤光宇、朱志浩、周飞、姚虹、张曦琛、钟北京、顾云雷老师惠赐稿件。

　　我们还要感谢丛书主编、教育部基础教育课程教材发展中心何成刚博士的大力支持与宽容。正是在他的鼓励和支持下，才有了本书写作的契机；感谢广东省东莞市教育局教研室夏辉辉老师对本书文字的一再审读与润色；感谢本书的责任编辑唐正才老师，对本书文字和版式提出的宝贵意见。

　　本书的写作框架由彭禹、沈时炼拟定。彭禹撰写第一编，并担任第二编部分、第三编全部的组稿工作。张炎林担任部分访谈与资料整理工作。彭禹、沈时炼负责全书的文字统稿与润色工作。

　　最后，衷心期待各位读者对本书提出宝贵意见和建议。

彭　禹　沈时炼　张炎林

2013 年 12 月